HOMOSEXUALITY

FAQ

A CHRISTIAN PERSPECTIVE

다니엘 림 & 이안 토

감역 이요나

홀리북스

동성애 이슈 문답집(Homosexuality FAQs)

지은이 　 Daniel Lim & Ian Toh
편역자 　 이 요 나(Jonah Lee)
디자인 　 김 상 우
펴낸곳 　 홀리북스(holybooks)
등 록 　 제2014-000225호
주 소 　 서울 강남구 언주로 608
출판일 　 2023. 6. 29.
판 형 　 국판(140×205)
가 격 　 10.000원
전 화 　 (02)546-5811
팩 스 　 (02)798-5412
이메일 　 ccseoul@gmail.com
Web. 　 www.holybook.kr
ISBN 　 979-11-979889-4-3

홀리북스는 홀리라이프 후원으로 운영하며 수익금은 탈동성애 운동에 사용됩니다.
후원: 우리은행 070-7565-3535 (홀리라이프)

Topics

Topics

먼저 동성애 이슈에 대한 기독교적 관점 'Homosexuality FAQs'를 한국어로 출판하게 된 것을 영광스럽게 생각합니다. 특별이 이 책의 저자 다니엘 림(Daniel Lim) 형제님과 공동저자이신 싱가폴 3:16처치의 이안 토(Ian Toh) 목사, 그 한국어 출판을 쾌히 승인해 주신 CCL 출판사에게 무한한 감사를 드립니다.

오래전 대만에서 개최된 탈동성애자 국제 포럼에서 처음 만난 이안 목사님은 동성애와는 전혀 관련 없음에도 불구하고 동성애로 인해 고통받는 사람들을 섬기기 위해 헌신 하였습니다. 그의 복음적 열정과 사랑의 봉사로 정체성 혼란 속의 많은 청년들이 극복하기 시작하였고, 동성애 이슈로 고민하던 기독교 지도자들이 생각을 바꾸어 동성애자들에게 복음을 전하기 시작했습니다.

또한 이 책의 저자 다니엘 형제는 평범한 크리스천의 한 사람으로 일반인으로는 접근할 수 없는 동성애자들의 정체성의 가치와 내면의 정서와 삶의 실상, 그리고 더 나아가 전문적이고 과학적인 근거를 바탕으로 동성애 지지자들의 주장들을 세밀하게 분석하여 진실을 밝히는 데 심혈을 기울였습니다.

나는 이 책을 읽으면서 동성애자 출신이며, 동성애 이슈 전문가인 나를 능가하는 해박한 지식과 복음적 열정에 감탄하지 않을 수 없었습니다.

나는 청소년 시절부터 동성애자로 살았고 서른살에 예수를 영접한 후에 12년간이나 크리스천 동성애자로 공공연하게 살아 왔습니다. 정체성의 연민과 선과 악의 갈등 속에서 43살이 되어서야 예수 그리스도를 만났습니다.

목사가 된 후 한 때는 동성애 반대 운동에 앞장 서 왔습니다. 그러나 주님은 복음의 진리로 동성애자들을 품기를 원하셨습니다. 예수님은 그들을 위해서도 십자가를 지셨기 때문입니다. 부디 동성애자들을 향한 긍휼한 마음을 갖어 주시기를 부탁 드립니다.

끝으로 번역과 교정과 디자인을 위해 헌신한 갈보리 채플 동역자들에게 감사드리며, 이 책을 읽는 모든 분들에게 예수 그리스도의 은혜와 사랑이 더욱 충만하시기를 기원합니다. 아멘!

이요나 목사
갈보리채플 코리아 학장/탈동성애인권포럼 대표

Foreword

동성애는 최근에 나타난 현상도 새롭게 등장한 문제도 아니다. 전통과 문화의 억압에도 불구하고 고대부터 존재하고 있었다. 동성애는 기술과 미디어가 발전함에 따라 근래에 빠른 속도로 표면화되기 시작했다. 사회는 동성애에 대해 더 개방적이고 수용적으로 변했다. 사람들은 인간 관계에 대한 전통적인 관념을 다시 생각하기 시작했다. 동성애에 대한 주장과 토론이 빈번해지고 있다. 과거 동성 간의 관계만을 의미하던 '동성애(Homosexuality)'라는 단어는 오늘날 레즈비언, 게이, 양성애자, 트랜스젠더, 퀴어를 포괄하는 LGBTQ로 진화했다.

더 많은 논의가 있었지만 우리는 LGBTQ를 진정으로 이해하고 있는가? 옳고 그름을 어떻게 분별해야 할까? 크리스천의 관점에서 그들을 어떻게 바라보고 LGBTQ 커뮤니티와 더불어 살아가야 할까? 성경은 우리에게 답을 제공하는가? 과거에는 종교가 동성애와 성소수자 문제에 직면하면 '죄', '본성에 어긋남', '음란', '부정한' 등의 결론에 성급히 뛰어들곤 했다.

크리스천은 LGBTQ 커뮤니티에 대해 각양각색의 태도와 사고 방식을 고수하는 반면 언론 보도와 유명인사들의 영향력은 LGBTQ 혁명과 이들에 대한 옹호적인 분위기를 만들어 다른 관점을 가진 사람들이나 크리스천을 "보수적", "구식", "전통적"인 사람들로 인식되게 했다. 시간이 지남에 따라 LGBTQ와 크리스천 사이에 격차가 형성되었다.

옳고 그름을 가리기 전에, 사람들에게 불의의 꼬리표를 붙이기 전에, 끝없는 다툼과 반대와 비판에서 벗어날 수 있을까? 우리가 하나님의 율법과 원칙을 붙잡는 한편 그리스도의 사랑으로 LGBTQ 공동체를 더 잘 섬기고 그들과 함께 걸을 수 있도록 LGBTQ의 문제를 이해하고 관찰하고 생각하는 관점을 바꿀 수 있을까?

"동성애 FAQs A Christian Perspective"는 교회를 위한 훌륭한 안내서다. 독자들이 동성애를 보다 포괄적으로 이해하고, 동성애에 대한 성경의 관점을 찾고, LGBTQ 커뮤니티에 다가가 섬기는 방법을 알려준다.

이 책은 1장에서 10개의 문답을 통해 성소수자에 대한 의문과 혼란을 말끔히 씻어준다. 객관적이고 과학적인 관점에서 일반적인 주장을 반박하려고 한다.

2장에서는 16개의 문답을 통해 성경적 관점에서 성소수자를 논한다. 마지막으로 편집자들은 성소수자 문제에 대한 크리스천과 사회의 관계를 논의하기 위해 6가지 문답을 제시한다.

각 답변은 독자에게 핵심 개념을 제공하는 "신속한 답변"으로 시작한 다음 자세한 설명 및 보충 정보가 이어지도록 구성되어 있다. 이 구조는 명확하고 따라가기 쉽다. 내가 가장 감사하게 생각하는 것은 단순히 데이터와 증거를 나열하는 것이 아니라 일부 답변의 맨 끝에 목회 팁을 공유하여 독자가 단순한 지식, 생각 및 비판의 틀을 깨뜨릴 수 있다는 것이다.

더 중요한 것은 독자가 LGBTQ와 우리 사이의 격차를 해소하고 LGBTQ 커뮤니티를 상담하고 섬기는 방법을 배울 수 있다는 것이다. 동성애 문제에 대해 더 알고 싶거나 LGBTQ 커뮤니티에 봉사해야 한다는 책임감을 느낀다면 이 책은 읽을 가치가 있다.

Titus Chung 주교
(싱가포르 성공회 교구장/ 싱가폴 교회 협의회)

저는 거의 30년 동안 동성애 문제를 연구하고 동성애 혁명에 대해 우려했습니다. 내가 이 기간 동안 접한 모든 자료 중에서 "동성애 FAQs - 기독교적 관점"은 중국 교회에 엄청난 도움이 될 최고의 자료 중 하나입니다. 동성애에 대한 기본 문답 10개, 크리스천의 입장에 대한 문답 16개, 사회 참여에 대한 문답 6개가 있으며, 각 답변들은 매우 잘 구성되었습니다.

각 답변은 독자의 다양한 요구를 구체적으로 충족시키는 "신속한 답변", "자세한 설명 및 분석", "목회 팁"으로 구성됩니다. 답변은 간결하고 명확한 흐름으로 구성되어 있어 매우 이해하기 쉽습니다.

제공된 모든 정보는 견고한 학문적 근거를 바탕으로 하고 있습니다. 또한 인간의 성적 지향과 생물학에 대한 게놈 차원의 연관성 연구(GWAS)와 같은 최신 연구 결과도 포함되어 있습니다. 독자는 처음부터 끝까지 읽거나 관심 있는 특정 질문을 선택할 수 있습니다. 어느 쪽이든 독자들에게 실질적으로 도움이 될 것입니다.

이 책이 다루는 많은 질문은 매우 중요합니다. 동성애 혁명은 미디어의 영향력으로 우위를 점하고 있습니다. 미디어가 전달하는 메시지는 크리스천까지도 오도할 수 있습니다. 이 책은 혼란을 없애기에 완벽합니다. 예를 들어 동성애, 성소수자, 트랜스섹슈얼리즘 등의 개념을 설명합니다.

동성애가 선천적이라는 주장을 반박하고 성경해석학과 동성애 공동체의 신학을 비판하며 교회가 사회적 논의와 캠페인에 참여하는 것이 합리적이라는 점을 크리스천들이 이해하도록 돕습니다. 그리고 제가 가장 높이 평가하는 것은 이 책에 투영된 태도입니다. 온화하고 객관적인 추론과 열린 마음, 믿음 안에 굳게 서서 교회가 동성애 공동체를 진정으로 사랑하도록 격려합니다.

편집자들도 이 자료를 통해 과거 교회의 부족함을 반성하고 동성애 커뮤니티에 사과했습니다. 나는 이것을 "은혜와 진리"의 조합으로 여기며 예수님의 마음을 투영했다고 생각합니다. 이 책을 모든 독자에게 강력히 추천합니다.

Kwan Kai Man 박사
(홍콩성문화학회 회장/홍콩침례대학교 종교신앙철학과 교수)

Endorsement

지적이고 합리적인 대중은 동성애에 대한 정확한 정보가 절실히 필요한 때에, 이 책을 출판하는 과감한 리더십과 커뮤니티 그리도 학문 정신에 감사를 표합니다. 나는 정치적인 논란으로 홍보가 쉽지 않을 것을 알고 있지만 이 책을 동성애자들이나 크리스천들에게 강력하게 추천합니다.

중요한 것은 이 책에서 이슈에 대한 양측의 공정한 토론과 함께 효과적인 공중보건 관행을 장려하는 정확한 과학적 레퍼런스를 찾을 수 있다는 것입니다. 정신의학적-심리학적으로 건강할 뿐만 아니라 신학적으로 신뢰할 수 있습니다. 저는 공정한 연구자와 독자들이 계속해서 "Homosexuality FAQs- A Christian Perspective를 찾을 것이라고 믿습니다" 축하드립니다!

동성애는 매우 복잡한 문제입니다. 대중과 그 중 진지한 크리스천이 동성애를 이해하는데 도움을 주는 책이 있다는 점은 정말 좋은 일입니다. 크리스천의 신앙 안에는 전문가, 목회자, LGBTQ의 주장이 뒤엉켜 있습니다. 이러한 주장 속에서 정치적 목적으로 동성애를 지지하는 목소리가 대중화 되었습니다.

그들은 "진리는 무엇인가?", "진리가 있습니까?" 외칩니다. 자신을 드높이며, 대중의 인기를 얻기 위하여 "더 높은 이상의 실현"이라는 고도의 술수로 정치세력에 편승하였습니다. 우리의 투쟁은 진리를 부정하는 시류에 반대하는 것입니다! 불의와 싸우는 당신에게 투지와 정직 그리고 결단력이 필요합니다. 이 책이 그러한 마음가짐을 갖게 해줄겁니다.

이 책은 크리스천 사역자들이 동성애 문제를 논할 때 자신감 있게 할 것입니다. 확신할 수 없는 지식으로 해서 동성애의 옳고 그름에 대해 침묵하는 일은 이제 그만해도 됩니다. 흐름을 바꾸도록 도와주십시오.

동성에게 매력을 느끼는 신자들이 진리와 사랑으로 목양하여, 그들이 빈손으로 돌아 설 때, 트라우마와 상처를 받지 않도록 하십시오. 누가복음 15장은 잃어버린 자를 찾고, 그가 집으로 돌아가는 여정을 마칠 때까지 기다리는 목양에 관한 말씀입니다. 이 책을 참조하여 도움을 받으십시오. 더 이상 변명하지 마십시요!

Melvin Wong, 박사
(캘리포니아주- 임상심리학자/전 UCSF 정신과 조교수)

'Homosexuality FAQs- A Christian Perspective'는 과학적이며 기독교적 관점에서 잘 쓰여지고 균형 잡히고 건전합니다. 저는 이 책을 강력하게 추천합니다. 내 저서인 "Born Gay?"에서 나는 순전히 과학적인 관점에서 글을 썼고 도덕적이거나 성경적인 주장을 채용하지 않았습니다. 이 책은 기독교적 관점을 제시하는 내 책의 훌륭한 보완책이며 사람들이 자주 묻는 여러 가지 질문에 대한 답을 제공합니다.

John SH Tay 박사
(Bethany International University 성서연구 학부, 싱가폴)

LGBTQ에 대해 더 알고 싶어하는 사람이라면 'Homosexuality FAQs- A Christian Perspective'을 강력 추천할 생각입니다. 이 책의 문답은 크리스천이 동료, 친구, 가족 심지어 운동권 까지도 사랑하고 포용하도록 해줍니다. 이 책은 우리가 사랑 안에서 담대하게 진리를 주장하고 참여하는데 도움이 될 것입니다. 동성애로 투쟁했고 이들과 동행하는 한 사람으로서 저는 이 책을 모든 탈동성애자(struggler)의 손에 쥐여줄 생각입니다. 이 책은 교회가 LGBTQ를 위한 안전한 커뮤니티가 되도록 힘을 실어줄 것입니다.

Tryphena Law 목사
(PLUC, 말레이시아)

'Homosexuality FAQs- A Christian Perspective'는 성경적으로 견고하고 목회적으로 세심합니다. 이 책은 동성애의 주요 쟁점들을 다루고자 하는 크리스천들에게 유용한 지침이 될 것입니다.

Roland Chia 박사
(Ethos 연구소 신학 및 연구 고문)

"예수께서 이르시되 네 마음을 다하고 목숨을 다하고 뜻을 다하여 주 너의 하나님을 사랑하라 하셨으니 이것이 크고 첫째 되는 계명이요 둘째도 그와 같으니 네 이웃을 네 자신 같이 사랑하라 하셨으니 이 두 계명이 온 율법과 선지자의 강령이니라" (마태복음 22:37-40)

많은 크리스천들이 이 구절을 인용할 수 있고 심지어 암송할 수도 있습니다. 그러나 우리는 이것 들이 무엇을 수반하는지 진정으로 이해하고 있습니까? 또한, 예수님께서 "뱀 같이 지혜롭고 비둘기 같이 순결하라"(마 10:16)고 말씀하신 것은 무엇을 의미합니까? 오늘날 크리스천들은 하나님께서 우리를 더욱 그분과 같이 되도록 계속 연단하시는 가운데 시험을 받고 있습니다. 복음의 신실한 증인이 되어 주님이 사랑하신 것처럼 진정으로 세상을 사랑할 수 있습니다.

'101 문답집'은 교회가 20세기 후반 이후 가장 논쟁적인 문제 중 하나인 동성애를 이해하고 대응하는 데 도움을 주기 위해 작성되었습니다. 그러나 다른 유사한 글과 달리 이 책은 무엇보다도 문제의 진정한 초점인 '하나님의 대표자로서의 교회의 역할'을 교회에 상기시키는 것을 목표로 합니다. 성에 관한 부분으로 시작하여 동성애에 대한 성경적 견해와 논의에 관한 부분이 이어지고, 비크리스천이나 다른 견해를 가진 동료 크리스천이 제기하는 일반적인 질문에 대한 부분으로 끝납니다. 관심 있는 특정 질문을 먼저 탐색하고 읽을 수 있지만 질문이 대부분 순서대로 서로 관련되어 있으므로 더 나은 이해를 위해 전체 FAQ를 연대순으로 읽는 것이 좋습니다.

이 FAQ는 성경적 관점을 고수하면서 독자들에게 주제에 대한 보다 전체론적인 감각을 제공하고자 하기 때문에 주제에 대한 다양한 입장(예: 친LGBTQ, 중립 및 친가족/보수)을 가진 출처에 대한 참조를 이 FAQ에서 찾을 수 있습니다.

의인화된 사랑

하나님을 사랑한다는 것은 단순히 그분을 추구하고 그분의 계명을 지키는 것을 의미합니다(요 14:21). 이것은 또한 우리 주변의 사람들을 사랑하는 것이 하나님이 사람을 사랑하는 것만큼 하나님께 중요하다는 것을 의미하며, 그것은 대계명의 일부입니다(마 22:37-40). 하나님을 사랑하는 것과 사람을 사랑하는 것 사이에는 항상 투쟁이 있는 것 같습니까, 아니면 우리가 사랑을 잘못 이해하고 있었습니까? 사랑은 가혹하지 않고, 사랑은 맹목적인 수용이 아니며, 사랑은 결코 교만하지 않습니다. 사랑은 겸손의 옷을 입고 사랑하는 사람을 위해 최선을 다합니다. 우리는 말과 행동을 통해 '사랑'이 무엇인지, 그것이 무엇인지에 대한 이해를 되찾아야 합니다. 동성애와 교회에 대한 오늘의 토론은 교회가 단합하고 중요한 것, 즉 세상에 대한 신실하고 사랑이 넘치는 하나님의 대표자가 되는 것에 초점을 맞추도록 촉구하는 분명한 요청입니다.

나와라, 거룩한 집으로 오라

하나님이 전지전능하시고 모든 것을 사랑하신다는 것을 진정으로 믿는다면, 하나님의 명령은 우리를 보호하여 모든 사람이 다른 사람을 희생시키지 않고 최대한 살 수 있도록 하기 위해 존재한다는 것도 믿어야 합니다. 하나님의 계명은 선한 삶과 거룩함의 기준입니다.

- 거룩함은 우리를 향한 하나님의 뜻에 따라 사는 것. 예수님처럼 되는 것.

이 문제에 대한 성경의 입장은 매우 분명합니다. 동성애의 성적 행위와 낭만적인 관계는 하나님께서 인류가 계획하신 것과 일치하지 않으며 죄입니다. 다만 이것들은 성경에 나오는 유일한 성적인 죄가 아닙니다. 이와 함께 간음, 근친상간, 시체성애, 수간 등이 있습니다. 성적으로 유혹을 받는 모든 사람에게 보내는 교회의 메시지는 다른 분야에서 유혹을 받는 사람들에게 보내는 메시지와 동일해야 합니다. 거룩함의 집으로 - 하나님의 계획과 의도로 오십시오.

거룩한 집을 준비함

우리가 교회를 통해 하나님께 돌아오고 그분의 제자가 되도록 세상을 부를 때, 교회는 환영하고 양육할 준비가 잘 되어 있어야 합니다. 어떤 사람에 대한 부당 대우는(어려움과 결점에 관계없이) 교회에서 용납되어서는 안 됩니다. 오랜 기간 동안 교회는 동성애 활동에 유혹을 받거나 참여하는사람들을 적절하게 사랑하고 보호하는 데 실패했습니다. 교회가 자신을 낮추고 화해의 일을 시작하여 모든 인류의 파괴와 불완전함을 위한 참된 피난처가 되는 것이 중요합니다.

우리의 결점을 인식함

교회는 많은 커뮤니티, 특히 LGBTQ 커뮤니티(반드시 옹호자만 그런 것은 아님)의 사람들에게 몇 가지 방식으로 상처를 입혔습니다.

우리는 그 사람들이 우리를 가장 필요로 할 때 "너희는 하나님을 사랑하지 않고 죄에 빠져 있다", "대체 왜 그래? 게이짓은 그만하면 안 돼?"라고 쉽게 충고했습니다. 우리는 또한 동성애로부터 공개적으로 투쟁하는 자들의 간증에 더욱 귀를 기울이면서 은혜에 집중하고 함부로 판단하지 않으려 하는데에 실패했을 수 있습니다. (더 많은 예를 알고 싶다면, 동성 끌림(SSA)을 경험하고 이에 대해 더 많이 이야기할 수 있을 만큼 열려 있는 사람에게 물어볼 수 있습니다). 슬픈 점은 그들이 지도자/동료 크리스천에게 마음을 여는 매우 어려운 결정을 내릴 때 우리는 종종 그들의 용기와 신뢰를 당연하게 여긴다는 것입니다.

b1) 우리가 그들이 느끼는 감정이나 왜 그렇게 느끼는지 먼저 듣지 않고 "세상에서 게이가 사라지기를 기도"하거나 "막연히 그들이 동성애를 멈추도록 기도"하려고 할 때, 우리는 다른 사람을 사랑하는 방식으로 그들을 사랑하지 못한 것입니다. 상대방이 겪고 있는 일을 먼저 제대로 알지도 못하고 이해하려고 노력하지도 않으면서 맹목적으로 누군가를 변화시키려고만 할 때 우리는 사랑한다고 주장할 수 없습니다.

b2) 우리는 그들을 위해 최선을 다하지 못했습니다. 영화 어벤저스 엔드게임(Avengers End Game)의 하워드 스타크(Howard Stark)의 말을 인용합니다. 부모가 자식을 사랑하면 그 부모는 자식에게 좋은 것을 아끼지 않습니다. 성적 투쟁은 종종 금기시되는 주제였으며 우리 중 많은 사람들이 그 복잡성 때문에 그것을 피합니다. 우리는 성적 투쟁과 유혹 속에서 서로 함께 여행할 수 있도록 성에 대한 성경적 관점과 우리 자신의 이해를 구축하는 데 시간을 할애할 수 있고 또 그래야만 합니다.

우리의 목표는 누군가가 틀렸다는 것을 증명하는 것이 아니라, 동성애 끌림을 경험하거나 다른 성적 유혹과 싸우고 있는 사랑하는 친구와 가족을 위해 최선(결과)을 원할 뿐입니다.

c). 우리는 그들의 문제를 치료해야 하고 치료할 수 있다고 생각하지만 쉽사리 "사역"에 뛰어들지는 못합니다. 물론 죄는 누구에게나 나쁜 것이지만 죄는 또한 우리 모두 안에 있는 타락하고 반역적인 본성의 산물입니다. 이 타락한 본성은 우리가 자기 중심적으로 서로를 다치게 할 때 우리 안에 그리고 우리를 통해 여러 유형의 균열을 더 많이 만듭니다. 망가진 것은 복구해야 합니다. 하나님은 이 땅에 있는 그분의 아들딸들을 통해 초자연적으로나 자연적으로 치유하십니다. 하나님은 우리가 이해하거나 이해할 수 있는 것 이상으로 그들을 돌보십니다. 우리는 그들의 구원자가 아닙니다. 하나님만이 그들의 삶에서 가장 깊은 상처를 치유하실 수 있습니다. (그분께서 우리 삶을 치유하시는 것처럼), 이 모든 것에

서 우리의 역할은 서로 돕는 것입니다. 짐을 지고, 서로에게 가족이 되고, 그리스도를 따르도록 서로 사랑하고 지지합니다.

d).우리는 본의 아니게 '우리 대 그들' 게임을 하게 되었습니다. 그것은 우리의 관점에서 크리스천들을 전투적으로 보이게 합니다. 우리는 우리가 받은 하나님의 지혜와 사랑을 재증명 해야 하며 우리와 반대되는 견해를 가진 사람들을 때리지 않고도 그렇게 할 수 있습니다. 이와 같은 이유로 우리는 우리나 다른 크리스천들이 초래했을 수 있는 상처에 대해 사과할 수 있습니다. **우리는 우리의 입장이 잘못되었다고 생각해서가 아니라 개인을 사랑하고 실수를 있는 그대로 인정하기 때문에 사과합니다.**

희망이 있다

우리는 사랑입니다. 우리는 두려움이 아닌 희망을 나릅니다. 우리는 동성애혐오자(지나치게 동성애를 죄악으로 치부함)로부터 가장 멀리 떨어져 있어야 합니다. 그러는 가운데 동성애지자라고 근거 없이 비난하는 사람들이 있을 것입니다. 그러나 우리가 하나님의 말씀대로 사는 한 우리는 아무것도 두려워할 것이 없습니다. 우리는 진정한 겸손과 사랑에 대한 헌신을 보여줌으로써 참소자의 손아귀에 들어가는 것을 피할 수 있습니다.

교회는 하나님의 은혜로 구원받은 불완전한 사람들(당신과 나)로 이루어져 있기 때문에 불완전합니다. 우리는 완벽하다고 공언하지 않으며, 그러므로 세상을 더 나은 곳으로 만들기 위해 우리 모두가 확실히 더 많은 일을 할 수 있음을 인정합니다. 그러므로 우리 개개인은 장비를 갖추고 지속적으로 성장해야 합니다. 성경은 하나님께서 우리에게 주신 선물입니다. 어떤 사람들은 그것을 인생의 궁극적인 지침서라고 부를 수도 있습니다. 견고한 성경 원칙에 전문적인 지식을 더하고 믿음과 선함을 변호하기 위해 때를 얻든지 못 얻든지 준비하여 성장하고 배우고 그 지혜를 더 깊이 파고들도록 합니다. 예수님의 제자 베드로 제자는 종말을 살고 있는 크리스천을 향하여 다음과 같이 증거하였습니다. 우리는 이 말씀이 제시하는 바에 귀를 기울일 필요가 있습니다.

> "또 너희가 열심으로 선을 행하면 누가 너희를 해하리요 그러나 의를 위하여 고난을 받으면 복 있는 자니 그들이 두려워하는 것을 두려워하지 말며 근심하지 말고 너희 마음에 그리스도를 주로 삼아 거룩하게 하고 너희 속에 있는 소망에 관한 이유를 묻는 자에게 대답할 것을 항상 준비하되 온유와 두려움으로 하고 선한 양심을 가지라 이는 그리스도 안에 있는 너희의 선행을 욕하는 자들로 그 비방하는 일에 부끄러움을 당하게 하려 함이라" (베드로전서 3:13-16)   "

Homosexuality

FAQs

섹슈얼리티
101

질문 1
'게이'란 무엇인가요?

신속한 답변:

'게이'는 같은 성별의 다른 사람에게 매력을 느끼고 그 매력에 따라 행동하며 자신을 게이라고 밝힌 사람을 설명하는 데 사용되는 용어입니다. 라벨링 및 자체 식별에 사용되는 용어이기도 합니다. 그것을 해석하는 방법은 다양하며 어떤 사람들은 단순히 동성에게 끌리는 자신을 설명 하기 위해 이 용어를 사용하는 반면, 다른 사람들은 '게이'라는 용어를 사용하지 않고 '동성애자'라는 용어를 선택할 수 있다는 점에 유의해야 합니다.

동성애에 대한 간략한 역사

동성애는 오랫동안 다양한 문화에 걸쳐 존재해 왔지만 19세기 헝가리 언론인 칼 마니아 케르트 베니가 처음 만든 용어로 이후 '이성애', '단성애(자위)', '수간'과 함께 성적 장애로 거론됩니다[1,2]. 이러한 용어가 만들어지면서 섹스는 단순히 출산의 목적이나 전통적으로 결혼에 국한되는 것으로 인식되는 활동이 아니라 차별화되고 에로틱한 것과도 연관되었습니다. 동성애는 1970년대까지 정신 장애로 분류되었습니다[3] (자세한 내용은 Q7 참조).

지난 2세기 동안 동성애 행위를 비범죄화하고 동성 결혼을 합법화하고 축하하는 등 오늘날 우리가 보는 세계적인 운동으로 이어진 많은 일들이 일어났습니다. 때때로 변화의 주장과 이유는 훨씬 덜 과학적이지만 더 정치적입니다[3] [4].

오늘날 공공연하게 성적인 문제에 대해 비판하는 것이 다소 불편해졌습니다. 사람들은 종종 그러한 법에 찬성하거나 반대할 경우 동성애 혐오자나 동성애지지자로 낙인찍힐 수 밖에 없는 자신을 발견합니다. 이처럼 건강에 해로운 이분법의 대부분은 감정, 두려움 및 집단 사고에 달려 있습니다.

갈등과 긴장은 전례 없는 수준에 이르렀고, 해결의 여지가 없습니다. 이 주제에 대해 의미 있는 토론을 하기 전에, 주제를 이해하지 못한 채 서로 싸우는 것보다 먼저 우리가 이야기하고 있는 내용을 제대로 아는 것이 현명하지 않을까요? 이것은 '게이'와 '동성애'라는 용어를 정의할 필요성으로 이어집니다.

그래서... '게이'/'동성애'란 무엇입니까?

동성애는 동성 구성원에 대한 심리 성적 매력입니다. 동성의 사람과의 친밀함(종종 성적인 것)을 통해 욕망의 성취를 찾습니다. 동성에게 매력을 느끼고 그 매력에 따라 행동/욕구를 충족하며 자신을 게이라고 정체화할 때 그 사람을 동성애자 또는 게이라고 합니다.

동성애/동성애자에 대해 보편적으로 받아들여지는 정의가 없다는 것을 인식하는 것이 중요합니다 . 이것은 매력과 행동 및 정체성의 융합, 개인적인 예약 또는 과거와 현재의 부정적인 연관성으로 인한 용어의 의도적 사용, 사용에 대한 반발의 두려움과 같은 여러 가지 이유 때문일 수 있습니다.

'게이'의 뉘앙스 이해하기

일부는 '게이'라는 용어를 포괄적인 용어로 사용하기로 선택할 수도 있지만 Dr. Yarhouse는 용어가 실제로 무엇을 의미할 수 있는지에 대한 좋은 분석을 제공했습니다[5]. 다른 저자들도 '동성애'[8]라는 용어와 함께 나타나는 행동 차원을 언급합니다.

매력, 방향, 행동 및 (자기) 정체성을 포괄하는 용어입니다. 행동을 정체성과 동떨어진 것으로 명시적으로 논의하지는 않았지만, 이 둘을 구별하여 하나가 다른 하나를 유도하거나 강화하는 방법을 이해하는 것이 좋습니다.

사람의 성적 매력/성향을 측정하거나 예측하는 과학적 방법은 없습니다. 연구 결과에 따르면(Q5 참조) 성적 끌림이나 성적 지향의 단일 원인은 없습니다 [5] [7]. 사람들은 생물학, 양육 및 성적 경험을 포함한 복잡한 요인을 통해 성적 매력이나 지향성(이성애적이든, 비이성애적이든)을 발전시킵니다[5] [6] [8].

성적 매력과 성향을 더 잘 이해할 수 있도록 잠시 멈추고 자신에 대해 생각해 보십시오. 이성애자/동성애자가 되기로 결심한 순간을 정확히 특정할 수 있습니까? 대부분의 사람들에게 대답은 아마도 '아니오'일 것입니다. 각 개인이 가지고 있는 특정 분야에 대한 다양한 관심이나 성향을 설명할 수 없는 것 이상으로 매력을 설명할 수 없습니다.

용어	정의
성적 매력	느낌, 성적 흥분 또는 성적으로 끌리는 느낌을 설명합니다. 제어할 수 없지만 덧없는/순간적일 수 있습니다.
성적 방향/기울기	개인의 '디폴트' 상태가 될 만큼 강하고 오래 지속되는 성적 매력을 설명합니다. 제어할 수 없습니다
성행위	성적 끌림 또는 성적 지향의 결과로 성적 활동을 설명합니다. 이것은 사람의 통제 범위 내에 있습니다.
성적 정체성	자신의 성적 취향에 따른 꼬리표. 그것은 우리 문화의 의미로 가득 차 있습니다. 성적 매력, 지향 및 행동에 대한 기대가 함께 합니다.

우리는 생물학적 영향(Q5에서 더 읽어보기)과 다른 요소들에 대해 긴 토론을 할 수 있지만, 그것은 동성에게 이끌림(SSA)을 경험하고 나아가 그 경험을 삶에 조화시키기로 결심한 사람들에게는 그다지 관심을 끌 수 없을 것입니다.

동성애 이끌림(SSA)을 경험한 자들이 주장하는 2가지 대본
(Yarhouse, 2010)

서구 사회에서 LGBTQ 지지자들은 SSA를 경험하는 사람들이 살아갈 수 있도록 이야기와 무언의 '대본'을 밀어붙였습니다. 이 대본은 기본적으로 SSA사람들을 돕고 긍정적인 이미지로 감정/성향을 이해합니다.

– '게이 대본'은 다음과 같습니다:

- SSA는 자연적으로 발생합니다.(영적 의도일지라도)
- SSA는 진정한 당신이 누구인지 알려줍니다.(발견에 중점)
- SSA는 당신의 핵심입니다.
- 동성애적 행동은 그 핵심에서 자연스럽게 확장된 것입니다.
- 자신의 정체성/핵심과 일치하는 행동은 자아 실현에 매우 중요합니다.
- 당신은 LGBTQ의 일원으로 자신의 행동과 정체성의 확인이 필요합니다.

– 이것은 기독교에서 제공하는 다른 대본과 대조될 수 있습니다:

- 일부 사람들도 SSA를 경험합니다(사람 유형 간의 범주적 구분을 나타내지는 않지만 '정상적이지 않은' 많은 사람들의 경험 중 하나임).

- 성적 감정은 우리의 정체성을 결정하거나 정의하지 않습니다. 그것은 우리가 누구인지의 핵심이 아닙니다. 선택할 수 있습니다. (예: 그리스도 안에서 우리의 정체성, 아들/딸, 직업 등).

각 대본을 따르는 것의 의미는 심오하며 이 두 대본은 충돌할 수 있습니다. 하나는 SSA가 자연적으로 발생하는 것으로 가정하므로 성적 욕망을 억제하는 것은 자기 충족의 핵심이기 때문에 비인간적입니다. 다른 하나는 그것이 자연적으로 발생하는 것이 아니며 자기 성취의 중심이 아니며 우리의 정체성이 성욕이 아니라 그리스도에 뿌리를 두고 있으므로 그리스도를 추구하기 위한 자기 통제가 실제로 좋은 것이라고 말합니다.

이제부터 우리는 매력, 행동 및 정체성 간의 관계부터 시작하여 이 소책자 전체에서 두 대본의 주제를 더 자세히 살펴볼 것입니다.

매력, 행동 및 정체성:

정체성 형성에는 시간이 걸리고 일종의 행동으로 이어집니다. 이러한 맥락에서 자신을 동성애자로 분류하는 것은 종종 SSA를 경험하는 것을 의미하며, 이는 동성애적 행동(성적 또는 로맨틱)으로 발전하고 나타납니다. 개인의 경험이 정체성 형성에 중요한 역할을 하기 때문에 동성애적 행동이나 성적 경험은 사람으로 하여금 게이 정체성을 받아들이도록 이끌 수 있습니다(Q2와 Q7에서), 이는 동성애적 행위가 유일한, 올바른 길이라는 개인적 수용으로 이어집니다.

매력이나 방향과는 달리 행동과 자기 식별은 분명히 우리가 통제할 수 있는 영역에 있습니다. 우리의 행동을 제어할 수 없다는 것은 자제력이 부족하고 충동에 좌우된다는 것을 의미합니다. 자기 식별은 사람이 자신과 세상에서 자신의 위치를 이해하기 위해 선택하는 방법입니다. 따라서 이것은 우리에게 명백한 결론을 줍니다. 동성애/이성애적 행동에 참여하거나 게이/LGBTQ 정체성을 포용하는 것은 자신의 선택입니다.

성적 매력을 원하지 않을 수 있습니까?:

동성에게 매력을 느끼는 경험을 바꾸려는 노력이 항상 효과가 있는 것은 아니지만(자세한 내용은 Q8 참조), 그것은 불변하지 않으며 누구의 정체성의 핵심이 되어서도 안 됩니다. 기독교적 맥락에서 말하면, 우리 모두는 날마다 더욱 그리스도를 닮도록 부름받았으며, 그리스도가 우리 정체성의 중심, 핵심이 되어야 합니다.

우리가 예수님을 따르고 추구하는 것에 '예'라고 말하는 것은 우리 자신의 세상적이고 육적인 욕망에 대해 '아니오'라고 말하는 것을 의미합니다. 섹슈얼리티와 관련하여 거룩하지 않은 성적 욕망(욕정 및 비이성애)을 거절하는 것을 의미

합니다. 여기서 우리는 "원치 않는 성적 끌림"이라는 개념을 탐구해야 합니다:

LGBTQ 활동가들은 성적 끌림은 의도적으로 통제할 수 없기 때문에 우리가 그것을 개인의 정체성의 일부로 받아들이는 것만으로는 충분하지 않으며 그것이 확인/축하되는 것이 가장 중요하다는 생각을 팔 것입니다. 우리는 잠시 멈추고 생각해야 합니다. "모든 성적 매력을 원한다는 것이 사실입니까?" 명확한 '아니오'가 우리의 대답이 될 것입니다.

기혼 남성의 경우를 예로 들어 보겠습니다;

결혼은 성적 유혹과 투쟁에 대한 빠른 해결책이 아닙니다. 결혼은 남자와 여자가 맺은 서약이며, 일부일처제 관계에서 서로에게 헌신하기로 한 것이며, 성행위가 성스러운 유일한 장소입니다(Q17 참조).

이성애 기혼 남성은 여전히 젊고 매력적인(신체적, 정서적 등) 여성에게 성적으로 끌릴 수 있습니다. 이 기혼 남성이 결혼 서약을 진지하게 받아들인다면 배우자가 아닌 다른 젊은 여성에 대한 성적 매력에 저항해야 할 것입니다. 그는 원치 않는 성적 매력을 경험할 수 있고 육신이 여전히 원할 수 있습니다. 성적 끌림이 원치 않을 수 있다는 점을 감안할 때 성적 지향(실제로 훨씬 더 오래 지속되는 성적 끌림이므로 기본 상태, 위 참조)도 원치 않을 수 있습니다.

크리스천에게 예수님의 형상은 우리의 궁극적인 목표입니다. 그분을 따르라는 부르심은 큰 특권입니다. 우리 중 많은 사람이 그분을 따르려는 개인적인 의지, 야망, 소망을 갖습니다.

우리는 예수님을 우리 정체성의 핵심에 두며 그분의 말씀은 우리의 기쁨입니다. 우리는 성경에 나타난 그분의 뜻에 명백히 반대되는 것들을 내려놓고 그분을 추구하려고 합니다. 예수님께 '예'라고 말하는 것, 즉 그분을 따르기 위해 '예'라고 말하는 것은 이성애가 아닌/확인되지 않은 이성애 매력과 지향을 원치 않는 것으로 인식하는 강력한 이유입니다.

그 다음에 우리는 "동성애는 성경에 따르면 정말로 죄인가?"(Q11-16 참조) 및 "성적 끌림/지향성 변경이 가능한지 여부"(Q8 참조)를 탐구해야 할 것입니다. 수정주의가 아닌 성경을 믿는 기독교적 관점을 제공하기 위해 이 소책자의 뒷부분에서 두 가지에 대해 더 자세히 설명할 것입니다.

사역을 위한 조언:

- 그 사람의 섹슈얼리티를 넘어 그 사람이 누구인지 살펴보십시오(귀하의 가족? 당신의 성도? 친구?). 우리 앞에 있는 사람은 하나님의 형상대로 지으심을 받은 사람이니 무슨 일이 있어도 사랑해야 할 사람입니다.
- 어떤 형태로든 어려움을 겪고 있는 사람들을 위한 사역의 닻이 되게 하십시요
- 판단 없이 경청의 필요합니다.
- 천천히 말하고, 듣고, 나누는 사람이 어디에서 왔는지 이해하십시오.
- 성욕/고충에 대한 더 깊은 대화에 참여하도록 준비하십시요.
- 그들이 그것에 열려 있고 당신이 그것을 준비한다면 우리는 사역을 해야 합니다.

참조:

[1] The Invention of 'Heterosexuality', 2017, https://www.bbc.com/future/article/20170315-the-invention-of-heterosexuality, accessed 20 Aug 2020

[2] The Invention of 'Heterosexuality', 2017, https://www.pbs.org/wgbh/pages/frontline/shows/assault/context/katzhistory.html, accessed 20 Aug 2020

[3] Homosexuality Questions and Answers, 2014

[4] We Cannot Be Silent, 2015

[5] Homosexuality and the Christian: A Guide for Parents, Pastors, and Friends, chapter 2 to 4, 2010

[6] The Unaffirmed Core, 2018

[7] Genetics and human behaviour: the ethical context, chapter 10, 2002, https://www.nuffieldbioethics.org/assets/pdfs/Genetics-and-human-behaviour.pdf, accessed 20 Aug 2020

[8] Standards 4 life - Homosexuality, 2014 https://cmda.org/wp-content/uploads/2018/02/Homosexuality-01-29-2014.

질문 2
게이/동성에게 끌리는 것의 차이점은?

신속한 답변:

차이점은 행동이나 자신의 결정에 있습니다. SSA개인은 매력과 욕망에 따라 행동할 때 자신을 게이/동성애자라고 정의하는 것이 정당합니다. 일부는 자신이 동성애자임을 다른 사람에게 알리는 편리한 방법일 뿐이므로 스스로 자신을 게이/동성애자로 표시하기로 선택할 수 있습니다.

명확한 구별

초반에 언급했듯이 '게이'라는 용어에는 여러 측면이 있습니다. 동성에 대한 성적 끌림/지향성, 동성 성적/로맨틱 행동 또는 자기 식별 레이블을 나타내는 데 사용할 수 있습니다.

우리는 또한 매력과 성향이 어떻게 결정론적이지 않은지에 대해서도 간략하게 다루었습니다. 우리 모두는 자신의 행동과 자신을 식별하는 방법을 제어할 수 있는 특정한 능력을 가지고 있습니다.

모든 욕망이나 끌림이 건강한 것은 아닙니다(Q7 및 Q20 참조). 기혼 남성의 경우 아내 이외의 다른 여성에 대한 성적 욕망은 매우 해롭습니다. 그는 자신의 간통 행위를 합리화하기 위해 해당 여성에 대한 매력을 탓할 수 없습니다.

분명한 것은 절제는 건강하지 않은 욕망에 대해 미덕이 될 수 있습니다. 그러므로 우리가 건강하지 못한 욕망이나 일련의 생각이 해로운 결실을 맺도록 허용되기 전에 식별하고 차단할 수 있는 것이 중요합니다.

분명한 필요

여기에서 'SSA'라는 용어가 매우 중요합니다. 이는 '게이'라는 용어가 포괄적인 용어로 널리 사용되는 사회적 맥락에서 성향과 행동/선택/자기 동일시 사이의 구별을 강조하는 역할을 합니다(Q1 참조).

일반적으로 말해서 SSA는 '게이'라는 단어의 포괄적인 사용과 구별되는 유용한 용어입니다. 이는 자신이 유익하지 않은 즉각적인 감정과 욕구 이상이라는 것을 상기시키기 때문입니다. 그것은 사람들(특히 원치 않는 SSA를 가진 사람들)

이 원하지 않는 욕망을 식별하고 통제함으로써 인생에서 더 나은 선택을 할 수 있도록 힘을 실어줍니다.

동성애와 기독교적 관점의 맥락에서 SSA는 인류를 위한 하나님의 계획과 양립할 수 없으며 (Q11 참조) 그것을 실현하려는 것은 죄악이며 해롭습니다 (Q9 및 Q10 참조). 그러므로 SSA와 같은 용어로 매력이나 생각을 식별함으로써 크리스천은 그것을 핵심 정체성(크리스천)과 구별할 수 있는 능력을 가질 수 있으며, 따라서 그리스도를 추구하는 데 더 나은 자제력을 행사할 수 있습니다.

SSA를 경험하는 일부 신실한 크리스천(또는 불신자)은 자신의 경험을 정확하게 설명할 수 있는 용어가 부족하여 은밀히 어려움을 겪었을 수 있습니다. 한편으로 그들은 자신의 교회 공동체/사랑하는 사람들의 오해를 두려워할 수 있으며, 다른 한편으로는 자신을 '게이'라고 표현하는 것이 정의롭지 않다는 것을 알고 있습니다.

성적 지향, 정체성의 알림

SSA, 이 복잡한 인간의 경험을 설명하는 유일한 용어가 '게이'라는 모호하고 융합된 단어뿐이라면, 동성애는 그리스도를 사랑하고 추구하려는 사람과 양립할 수 없다는 것이 성경에 명확하기 때문에 그들에게 '게이'라는 용어는 그들의 궁극적인 정체성을 상기시킵니다. 설혹 그들이 멈추지 않는 투쟁을 한다고 해도 그 투쟁이 그들도 하나님의 형상대로 창조었다는 사실과 우리가 하나님을 아는 자격을 박탈할 수 없습니다. 따라서 이 용어를 반대할 필요는 없습니다. 오히려 이 용어로 느끼는 박탈감이 그들로 장래에 대한 복음적 소망을 갖게합니다.

사역을 위한 조언:

- 차이점에 익숙해지십시오. SSA를 경험한 모든 사람이 동성애자는 아닙니다.

  ≫ 어떤 사람들은 자신이 '게이' 또는 '동성애자'라고 말할 수 있습니다. 그들이 동성애 끌림을 경험하거나 동성애 끌림에 따라 행동하고 있음을 의미하는지 명확히 하고 싶을 수 있습니다.

  ≫ 어떤 사람이 자신의 SSA를 설명할 때 '게이' 또는 '동성애자'를 고집하는 경우, 불편하다고 해서 'SSA'를 사용하도록 강요하지 마십시오. 당신과 그 사람 사이에 그것을 명확히 하는 것으로 충분할 것입니다.

- 궁극적으로 어떤 성적 취향을 선택해야 하는지가 아니라 하나님과 거룩함을 추구하는 데 초점을 맞추십시오.
  - ≫ SSA에서 큰 소란을 피우지 마십시오. 성에 대한 하나님의 원래 계획에 아직 완전히 부합하지 않을 수도 있지만, 하나님을 위해 구별된 삶을 추구하기로 선택한 사람은 아직 끝나지 않은 것입니다.
  - ≫ 예를 들어, 쉽게 화를 내는 경향이 있는 사람도 있을 수 있습니다.

- 신실한 절제로 거룩하고 하나님께 영광을 돌리십시오.
  - ≫ SSA는 우리가 경험할 수 있는 다른 죄의 모습과 다르지 않습니다.
  - ≫ 투쟁과 유혹을 경험하면서도 굴복하지 않는 사람을 능동적/회개하지 않는 죄인이라고 부르지 않습니다. 그렇다면 그들은 SSA를 경험한 사람들과 어떻게 구별 됩니까?
  - ≫ 이러한 성향은 이번 생애에서 사라질 수도 있고 사라지지 않을 수도 있지만, 기억하십시오. 성경의 예언을; '우리가 그를 볼 때에 그와 같으리라'(요일 3:2)

- SSA를 경험한 사람들은 서로 다른 입장과 태도를 가지고 있습니다.
  - ≫ SSA에 대해 말할 수 있는 포괄적인 방법은 없습니다. 우리는 활동가, 구도자 등과 이야기할 때 성령의 인도와 지혜가 필요합니다.
  - ≫ 죄 전체에 대한 성경의 관점에 아직 동의조차 하지 않은 사람들과 대화할 때 'SSA' 또는 '동성애'를 부서진 상태나 죄로 묘사하지 마십시오(Dr. Chris Yuan의 저서, Holy Sexuality and the Gospel, 19장). 그러한 사람에게는 매력과 정체성의 구분을 고민하기 어려울 수 있기 때문입니다.
  - ≫ 또한 'SSA' 또는 '동성애'를 많은 죄 중의 '또 다른 죄'로 묘사하는 것은 그들이 자신의 경험을 하찮게 여긴다고 느끼게 할 수 있습니다. (Q3: 'LGBTQ'란 무엇입니까?)

- 우리의 최종적이고 궁극적인 정체성은 우리가 하는 일이나 느끼는 방식이 아니라 그리스도 예수 안에 있습니다.

질문 3
'LGBTQ'란 무엇입니까?

신속한 답변:

'LGBTQ'는 레즈비언(Lesbian), 게이(Gay), 양성애자(Bisexual), 트랜스젠더(Transgender), 퀴어(Queer)의 줄임말입니다. 언급된 섹슈얼리티 또는 성적 정체성과 자신을 동일시하는 사람들의 커뮤니티를 설명하는 데 사용되는 용어입니다. 오늘날 커뮤니티는 훨씬 더 다양한 성적 정체성을 포함하도록 확장되었으므로 이 용어는 5개의 알파벳 'LGBTQ'를 훨씬 넘어설 수 있습니다.

LGBTQ 커뮤니티의 간략한 역사

레즈비언, 게이, 양성애자, 트랜스젠더, 퀴어…[1] 이들은 개인의 스스로 식별한 성적 정체성/정체성을 설명하는 용어입니다. 이전 질문에 대한 답변(Q1 및 Q2 참조)에서 언급했듯이 성적 정체성의 개념은 종종 성적 매력, 지향, 행동 및 자기 식별을 구분하지 않는 것으로 이해됩니다.

LGBTQ 커뮤니티는 다양한 문화와 사회에 걸쳐 오랫동안 존재해 왔습니다. 대부분의 사회에서 그들은 불행하게도 배척당하고 괴짜 취급을 받으며 성적 취향이나 매력을 외적으로 표현한다는 이유로 가혹한 대우를 받기도 합니다[2]. 이들은 이제 그들 자신에 대한 동등한 대우와 존엄성을 추구하는 공동체 내에서 고통, 두려움, 일부에게는 분노의 씨앗을 뿌렸습니다.

사회적 편견에 대한 커뮤니티 초기 기록된 반발은 20세기 초에 시작되었지만 1969년 스톤월 폭동 이후 전속력으로 진행되었습니다 [3, 4]. 초기 프라이드 행진[5]에서 그들은 한때 나치가 그들을 식별하고 비인간화하기 위해 사용했던 배지인 핑크 트라이앵글을 그들의 자부심의 상징으로 사용하고, 그들이 겪은 불의를 강조하려고 했습니다. 1978년에 8색 무지개 깃발이 도입되었고, 수정을 거쳐 다양성과 희망을 상징하는 현대적인 6색 무지개 깃발이 되었습니다[6, 7].

오늘날 우리는 LGBTQ 개인뿐만 아니라 친구, 가족, 기업 등 그들의 동맹으로 구성된 훨씬 더 큰 운동(특히 6월에)을 하고 있습니다. 일반적으로 지지자들은 고용, 결혼 및 출산/양육권에 대한 동등한 권리를 주장합니다[8, 9].

교회와의 긴장

교회는 LGBTQ에 대한 대응과 치료에 있어 가장 현명하지 못했습니다. 교회는 SSA에게 전환치료라는 극단적이고 비성경적인 수단을 강요하기도 했습니다 [10, 11]. 이것은 교회 공동체로서 우리가 맞서야 할 그리스도 예수와 그분의 교회의 이름으로 행해진 끔찍하고 그릇된 행위입니다.

LGBTQ 커뮤니티는 그들과 함께한 교회의 좋지 않은 역사를 고려할 때 배신감, 상처, 따돌림을 느낄 정당한 이유가 있습니다. 이를 위해 우리는 한 걸음 뒤로 물러서야 하며, 크리스천들이 그들에게 쏟았을 수 있는 (종종 선의는 있지만 무지한) 불안에 대해 사과하기까지 해야 합니다. 우리의 사과는 동성애가 기독교 신앙 및 가르침과 일치하지 않는다는 우리의 입장이 아니라 단지 우려에 대한 것입니다(자세한 내용은 섹션 2 참조).

마이크로 소수자—사이에 끼인 사람들

LGBTQ 커뮤니티는 동질적인 관점과 욕구를 추구하면서도 그 속에는 다양한 관점, 포부, 성격, 종교적 입장/세계관이 존재합니다. 우리는 그들의 공동체 내에서 이러한 다양성을 인식하고 개인이 예수님을 알아가는 여정에서 어디에 있는지를 이해하여야 합니다.

LGBTQ 커뮤니티의 일부 구성원은 복음의 메시지와 예수님의 인격에 극도로 끌리지만 사랑하는 사람들과 공동체 내 지지자들의 반발을 두려워할 수 있습니다. 너무 자주 그들은 하나님의 거룩하심에 즉시 헌신하기를 원하는 지나치게 열성적인 크리스천과 과도하게 보호하는(종종 선의의) LGBTQ 커뮤니티 사이에 끼어 있을 때 추가적인 압력을 받습니다. 이 시점에서 우리는 마태복음 7:5(NIV)에 있는 예수님의 말씀을 고려하는 것이 중요합니다.

"외식하는 자여 먼저 네 눈 속에서 들보를 빼어라 그 후에야 밝히 보고 형제의 눈 속에서 티를 빼리라"

우리 또는 어느 한 진영이 섣불리 손가락질하며 서로의 잘못을 지적하고, 자기 진영의 우월함이나 '진실'을 증명하려 할 것이 아니라 한 발짝 물러서서 서로의 입장을 생각하고 다가가 손을 내밀 수는 없을까요?

예수와 그분의 교회의 포용과 희망

예수님은 LGBTQ 커뮤니티의 사람들을 우리 자신보다 훨씬 더 사랑하십니다.

또한 그분은 우리보다 그들에 대해 훨씬 더 염려하십니다. 그러므로 크리스천으로서 우리는 공동체의 사람들을 포함하여 서로를 진정으로 사랑하는 방법을 배우기 위해 예수님께 초점을 돌려야 합니다. 그들 중 진실한 진리를 추구하는 자가 예수님을 찾는 것을 방해하지 맙시다. 사람을 거룩함으로 '개종'시키려는 우리의 염려와 두려움과 열심을 제쳐두고 예수님만이 하실 수 있는 일을 하게 합시다. 우리는 그리스도의 몸의 지체로서 서로에게 신실한 형제자매가 됩시다. 서로 짐을 지고, 서로 간절히 기도하며, 육신의 정욕과 세상 정욕을 버리고 오직 그리스도 예수만을 좇도록 서로 인내하며 권면하십시오.

사역을 위한 조언:

- **LGBTQ 주제에 대해 이야기할 때 주의를 기울이십시오.**

  ≫ 해당 커뮤니티의 누군가와의 만남, 관계에만 초점이 되지 않도록 성급하지 마십시오.
  ≫ LGBTQ 개인은 우리 모두와 마찬가지로 자신의 섹슈얼리티 그 이상입니다. 우리는 하나님의 아들 안에서만 우리의 충만함을 발견합니다.

- **모든 LGBTQ 개인이 활동가는 아닙니다. 일부는 자신의 견해와 다르다는 이유로 운동을 지지하지 않습니다.**

  ≫ 각 개인을 개인으로 대하십시오. 시간을 내어 진정으로 그들을 알아가십시오. 우리는 친구와 사랑하는 사람들에게도 알려지기를 바랍니다.

- 성경에 대해 다른 견해를 가진 사람들과 다투지 마십시오.

  ≫ 다른 견해를 가진 이유를 참을성 있게 물어보십시오.
  ≫ 성경과 하나님에 대한 오해가 있는 경우 해결하십시오.
  ≫ 결정은 항상 당사자에게 맡기십시오. 우리는 우리가 만나는 모든 사람을 즉시 설득하도록 부르심을 받지 않았습니다. 우리는 좋은 소식을 나누도록 부름 받았습니다. 하나님의 부르심을 따를 것인지 아닌지를 결정하는 것은 여전히 개인의 선택입니다.

- 하나님께서는 이성애가 아닌 거룩함으로 우리를 부르신다는 사실을 기억하십시오.(Q11 및 Q16에서 자세히 설명)

  ≫ 이성애자에게도 거룩함이 필요합니다. 투쟁은 다르지만 성질은 비슷합니다. 우리 모두는 하나님이 필요합니다.
  ≫ 동성애/LGBTQ 행위는 죄이지만 다른 죄보다 더 큰 죄는 아닙니다.
  ≫ 또한 LGBTQ 모든 사람도 우리와 같이 본질적인 가치를 지닌 하나님의 형상으로 창조

되었습니다.

- 그 사람이 다른 크리스천의 잘못으로 인해 상처를 받았다고 생각되면 사과하는 것을 두려워하지 마십시오.

  ≫ 과거의 상처는 의미 있는 관계로 발전하는 것을 저해합니다. 우리는 다른 크리스천들의 학대에 대한 간단한 사과를 통해 개인들이 짐을 내려놓도록 도울 수 있으며, 그들을 향한 예수님의 마음을 더 쉽게 이해할 수 있습니다.

참조:

[1]Pride Identity, 2019, https://www.nytimes.com/interactive/2019/06/28/us/pride-identity.html, accessed 20 Aug 2020

[2] History of Gay Rights, 2020, https://www.history.com/topics/gay-rights/history-of-gay-rights, accessed 20 Aug 2020

[3] 7 Facts About the Stonewall Riots and the Fight for LGBTQ Rights, 2019, https://www.history.com/news/stonewall-riots-facts-gay-rights-lgbt, accessed 20 Aug 2020

[4] Stonewall Riots, 2020, https://www.history.com/topics/gay-rights/the-stonewall-riots, accessed 20 Aug 2020

[5]Gay Pride, 2020, https://dictionary.cambridge.org/dictionary/english/gay-pride, accessed 20 Aug 2020

[6] Why does the Pride rainbow flag only have six colours?, 2019, https://www.nottinghampost.com/news/nottingham-news/pride-rainbow-flag-only-six-3096496, accessed 20 Aug 2020

[7] How Did the Rainbow Flag Become an LGBT Symbol? , 2019, https://www.history.com/news/how-did-the-rainbow-flag-become-an-lgbt-symbol, accessed 20 Aug 2020

[8] June is LGBT Pride Month — here's everything you need to know, 2018, https://www.businessinsider.sg/pride-lgbt-month-definition-gay-history-parade-celebrations-2018-6/?r=US&IR=T, accessed 20 Aug 2020

[9] 10 Declarations for Equality, 2018, https://pinkdot.sg/2018/07/10-declarations-for-equality/, accessed 20 Aug 2020

[10] Most Popular Conversion Therapy Movies and TV Shows, 2020 https://www.imdb.com/search/keyword/?keywords=conversion-therapy, accessed 20 Aug 2020

[11] Boy Erased Review - dark tale of a teenager's 'gay conversion' ordeal, https://www.theguardian.com/film/2019/feb/06/boy-erased-review-joel-edgerton-lucas-hedges-nicole-kidman-russell-crowe, accessed 20 Aug 2020

질문 4
사람이 잘못된 몸으로 태어날 수 있습니까?

신속한 답변:

기독교 세계관에서 하나님은 실수하지 않으시며 각 개인은 전체로서 훌륭하게 만들어졌습니다. 몸은 마음으로, 마음은 몸으로. 그러므로 사람이 '잘못된 몸으로 태어난다'는 것은 불가능합니다. 일부는 성별 위화감(생물학적 성별을 기준으로 성별을 식별할 때 느끼는 불편함)을 경험할 수 있지만, 이는 '하나님이 실수했다'는 증거가 아니라 죄가 자아/자기 정체성에 대한 우리의 감각을 왜곡했다는 증거입니다. 우리는 몸이 마음을 따르는 것이 아니라 마음이 몸을 따라야 합니다. 우리는 하나님의 말씀을 통해 마음을 새롭게 함으로써 그리스도 안에서 우리의 정체성을 발견해야 합니다.

성별 위화감 및 최근 발전에 대한 간략한 소개

성별은 존재의 생식 기능/신체 부위에 따른 남성/여성의 분류로 정의됩니다. 매우 드문 경우에, 사람들은 성기에 변이가 있는 '간성'으로 태어날 수 있습니다. 그러나 일부는 임상적으로 유용하지 않은 '간성'에 대해 매우 넓은 정의를 취함으로써 간성이 전체 인구의 1.7% 이상이 될 수 있다고 제안했습니다[1]. 또 다른 연구자들은 '간성'이라는 용어가 의미를 유지하려면 염색체 성별이 표현형 성별과 일치하지 않는 조건으로 제한되어야 한다고 강조했습니다.

성별에 대한 사람들의 정의는 훨씬 덜 확정적입니다. 최근 수십 년동안 일부는 그것을 자기 정체성으로 정의한 반면 일부는 순전히 사회적 구조(사회가 의미와 범주를 부여함)로 간주하여 생물학적 성을 중심으로 구축된 젠더에 대한 이전의 이해에서 멀어졌습니다.

성별 위화감은 자신의 생물학적 성별과 관련된 성별을 동일시하는 데 불편함을 느끼는 것입니다. 동성에게 끌린다는 것은 성별 위화감을 진단하는 기준이 아닙니다.

DSM-5(Diagnostic and Statistical Manual of Mental Disorders, 5th edition, 2013) [3] 개정 이전에는 '성별 위화감'이 '성 정체성 장애'로 알려져 있었습니

다. 미국정신의학회(APA)는 이러한 변화의 목적이 '낙인을 피하고 개인에 대한 임상 치료를 보장하는 것'이라고 설명합니다. [1]은 신체 외부 및/또는 내부 생식기와 사람의 성별을 결정하는 (X/Y 염색체) 사이의 불일치를 나타냅니다.

자신이 할당된 성별과 다른 성별이라고 보고 느끼는 사람

또한 성별 비순응 ('지정된' 성별의 고정관념/예상되는 행동에 따라 행동하지 않음)이 성별 위화감이 아님을 명확히 했습니다[4].

2019년 WHO는 정신질환 목록에서 '성 정체성 장애', 일명 성별 위화감을 삭제한다고 발표했습니다[5]. 유엔 전문가들은 이 움직임을 '주요 돌파구'라고 칭찬했으며, 성별 다양성과 관련된 사회적 낙인을 제거하기 위해 국가에 "의료 분류를 검토하고 강력한 사전 대책을 채택"할 것을 촉구했습니다.

그들은 또한 다양성이나 라이프 스타일 선택을 부정하는 것은 소위 '교정적 강간'과 '전환 요법'을 포함한 폭력으로 이어지고, 성적 매력이나 인간의 성적 매력을 '정상화'하기 위한 강제적이고 강압적이며 비자발적인 치료와 절차로 이어진다고 강조 했습니다[6].

성 정체성 – 타고난 불변성?

모든 사람이 타고난 "젠더 정체성"을 가지고 있다는 생각은 최근 많은 의료 전문가와 주류 의료 기관에서 지지를 받았습니다[7]. 이 용어는 일반적으로 자신이 남자인지 여자인지(또는 어린이의 경우 소년인지 소녀인지), 둘 다인지, 아니면 둘 다 아닌지에 대한 내적이고 깊이 있는 의미로 정의됩니다[8]. 또한 이러한 정체감이 3세 정도의 어린 아이들에 의해 확실하게 표현될 수 있다고 주장하는 것이 다소 일반적이 되었습니다[9].

성 정체성에 대한 이러한 주장은 처음에는 체계적인 조사를 받지 못했지만 이제는 점점 더 많은 과학자[10], 철학자[11] 및 의료 종사자들로부터 비판의 대상이 되었습니다.

일부 페미니스트와 학계에서는 성과(행동)로서의 젠더[12]를 주장하기도 하고, '젠더 유동성'이라는 개념을 도입하여 젠더가 2개 이상이 될 수 있다고 주장하기도 합니다. 이러한 생각 하에서는 자신이 느끼는 방식에 따라 자신의 성별 정체성을 주장하거나 선언하는 것은 전적으로 개인의 인식에 달려 있으며 이는 감정이 변하기 때문에 불변의 것이 아니게 됩니다.

그들의 주장

[사람들이 자신의 생물학적 성별에 대해 불편함을 느끼고 성별 위화감(생물학적 성별을 기준으로 성별을 식별할 때 느끼는 불편함)을 경험하는 경우, 이를 표현하는 방법은 자신의 몸을 탓하는 것이며, 그것이 유일한 해결책이다]

이러한 주장은 성별 위화감을 경험하는 사람들을 '피해자'로 만들어서 그들이 느끼는 '진정한' 젠더에 대한 외부적 표현을 지지하는 근거가 됩니다.

하나님과 인류

하나님은 자신의 형상과 모양대로 인간을 창조하셨습니다. 창세기 1장과 2장에서 우리 크리스천들은 하나님이 그들을 '남자'와 '여자'로 만드셨다는 것을 압니다. 성경은 '젠더 위화감'을 구체적으로 언급하지는 않지만, 남녀가 어떻게 상호보완적인지(남성과 여성이 다른 점이 있음을 암시함), 두 성별을 반복해서 확인했습니다.

하나님은 실수하지 않으시며 우리 각자를 온전한 존재, 마음을 위한 몸, 몸을 위한 마음을 세심하게 만드십니다. 그러므로 사람이 '잘못된 몸으로 태어났다'는 것은 불가능합니다.

인류의 타락은(자세한 내용은 Q11 참조), 죄가 피조물 속으로 스며들어 삶의 모든 영역을 왜곡하도록 허용했습니다. 죄는 우리의 몸(간성이 존재하는 이유를 설명할 수 있음)뿐만 아니라 우리의 마음과 인식에도 영향을 미칩니다.

어떤 사람들은 성별 위화감을 경험할 수 있지만, 그것은 '하나님이 실수했다'는 증거가 아니라 오히려 죄가 우리의 자아감과 정체성을 왜곡했다는 증거입니다. 우리는 몸이 마음을 따르는 것이 아니라 마음이 몸을 따라야 합니다. 우리는 하나님의 말씀을 통해 우리의 마음을 새롭게 하고 그렇게 함으로써 그리스도 안에서 우리의 정체성을 발견합니다.

예수님 – 우리의 정체성 혼란에 대한 답

우리는 다양한 오해로 고통받을 수 있습니다. 우리의 감정과 생각은 종종 잘못될 수 있습니다. 위에서 언급했듯이 우리의 자아감은 죄로 인해 왜곡되었습니다. 이 잘못된 감각은 여러 가지 방식으로 나타날 수 있습니다. 일부에게는 성별 위화감(트랜스젠더)이고, 더 작은 그룹에게[13] 세상의 해결책은 신체(및 사회)를 우리의 감정과 자기 인식에 맞추도록 급진적인 조치를 취하는 것입니다. 그러나 호르몬 치료 및 교정 수술을 포함하는 전체 성별 전환 과정은 돌이킬 수 없으며 아직 알려지지 않은 영향을 미치며 그 중 대다수가 유해합니다. 많은 트랜스젠더들도 자신의 발자취를 따르지 말 것을 촉구하며 성전환을 한 것에 대해 후회를 표명하고 있습니다[15]

그렇다면 기독교는 무엇을 제공해야 합니까?

우리에게는 예수님이 계십니다(Q32 참조). 우리 모두에게는 정체성 위기가 있습니다. 우리는 날마다 우리를 하나님에게서 멀어지게 하는 죄악된 욕망의 지배를 받습니다. 우리는 결국 죄의 삶을 짊어지고 그 결과를 감당해야 합니다. 그러나 우리는 우리가 실제로 어디에 속해 있는지 알아야 합니다[14]. 우리는 하나님의 형상과 모양대로 지음을 받았습니다. 그리고 예수님은 우리를 구속하시고 하나님의 사랑하는 자녀로서의 우리의 정체성을 회복하기 위해 오셨습니다.

우리의 정체성 위기는 우리가 예수님을 믿을 때 끝날 수 있습니다. 우리는 때때로 어려움을 겪을지라도 성령과 성경이 우리의 인도자와 위로자로서 평안과 생명으로 인도하는 진리의 길에 머물도록 도와줍니다. 우리는 하나님을 신뢰할 필요가 있고 신뢰할 수 있습니다. 우리는 하나님의 말씀으로 마음을 새롭게 하고 우리의 염려를 그분께 맡겨야 합니다. 그분이 우리를 돌보시기 때문에 우리는 큰 확신을 가지고 이 일을 할 수 있습니다.

사역을 위한 조언:

- 자신의 의견을 표현하는 사람들을 즉시 정죄하지 마십시오.
- 성별의 혼란, 성별 위화감이 있다고 모두 '성전환'을 원하는 것은 아닙니다.

  ≫ 불쾌감은 단순히 신체 일부가 시스-젠더(성 정체성이 자신의 성별과 일치하는 사람) 남성의 성별과 일치하지 않는 형태일 수도 있습니다. (예를 들어, 가슴이 매우 큰 남성은 남성으로서의 성 정체성과 여성의 신체를 닮은 신체 사이에 불일치를 느낍니다)

- 들어주고, 참을성 있게 대화하며, 왜 그렇게 생각하게 하는지, 왜 그렇게 느끼는지 이해하십시오.

  ≫ 단순히 신체 일부의 문제인 경우 그들을 임상 정신과 의사나 상담사에게 소개해야 할 수도 있습니다.

  ≫ 어떠한 상황에서든 그들을 격려하고, 그리스도 안에는 희망이 있으며, 그들의 삶은 성 정체성의 위기/투쟁보다 더 풍부하고 위대하다는 것을 상기시켜 주십시오.

참조:

[1] Intersex Studies: A Systematic Review of International Health Literature, 2018, https://journals.sagepub.com/doi/full/10.1177/2158244017745577, accessed 20 Aug 2020

[2] Gender Dysphoria, 2013, https://www.psychiatry.org/File%20Library/Psychiatrists/Practice/DSM/APA_DSM-5-Gender-Dysphoria.pdf, accessed 20 Aug 2020

[3] What Is Gender Dysphoria?, 2016 https://www.psychiatry.org/patients-families/gender-dysphoria/what-is-gender-dysphoria, accessed 20 Aug 2020

[4] ICD-11, 2019, https://icd.who.int/browse11/l-m/en#/http%3a%2f%2fid.who.int%2ficd₩%2fentity%2f344733949, accessed 20 Aug 2020

[5] A Major Win for Transgender Rights: UN Health Agency Drops 'Gender Identity Disorder', as official diagnosis, 2019, https://news.un.org/en/story/2019/05/1039531, accessed 20 Aug 2020

[6] Endocrine Treatment of Gender-Dysphoric/Gender-Incongruent Persons: An Endocrine Society* Clinical Practice Guideline, 2017, https://academic.oup.com/jcem/article/102/11/3869/4157558, accessed 20 Aug 2020

[7] A Gender-Neutral Glossary, 2015, Julie Scelfo, https://www.nytimes.com/2015/02/08/education/a-gender-neutral-glossary.html?, accessed 20 Aug 2020

[8] Young Trans Children Know Who They Are, 2019, https://www.theatlantic.com/science/archive/2019/01/young-trans-children-know-who-they-are/580366/, accessed 20 Aug 2020

[9] How the Trans-Rights Movement Is Turning Philosophers Into Activists, 2019, https://quillette.com/2019/09/20/how-the-trans-rights-movement-is-turning-academic-philosophers-into-sloganeering-activists/, accessed 20 Aug 2020

[10] What Is Gender Identity?, 2019, https://arcdigital.media/what-is-gender-identity-10ce0da71999?gi=d05e61825b8e, accessed 20 Aug 2020

[11] Gender Performance, 2016, https://onlinelibrary.wiley.com/doi/abs/10.1002/9781118663219.wbegss220, accessed 20 Aug 2020

[12] Trans-species: what it is and what would happen if you are recognized as one, 2019, https://latinamericanpost.com/28638-trans-species-what-it-is-and-what-would-happen-if-you-are-recognized-as-one, accessed 20 Aug 2020

[13] A 69-year-old man asks to be declared 49, claiming age is as fluid as gender, 2018, https://www.washingtonpost.com/nation/2018/11/08/year-old-man-asks-be-declared-claiming-age-is-fluid-gender/, accessed 20 Aug 2020

[14] Sex Change Regret, https://sexchangeregret.com/

[15] Hundreds of trans people regret changing their gender, says trans activist, 2019, https://www.news-medical.net/news/20191007/Hundreds-of-trans-people-regret-changing-their-gender-says-trans-activist.aspx

질문 5
하나님은 사람들을 게이로 만들었나요?

신속한 답변:

수십 년 동안 사회와 학계는 SSA의 원인에 대한 답을 찾고 있습니다. 수많은 연구가 수행되었으며 일부는 생물학적 가설을 뒷받침할 목적으로 수행되었지만 그 중 어느 것도 원인을 결정적으로 정확히 지적할 수 없었습니다.

대신 과학은 SSA가 생물학, 환경, 어린 시절의 경험 및 성인의 경험이라는 네 가지 광범위한 요인 범주의 결과일 수 있음을 보여주었습니다. 각 요소는 개인마다 다르게 가중치를 부여합니다.

과학도 성경도 하나님이 사람들을 게이로 만든다고 말하지 않습니다. 그러나 이것이 우리가 사람을 사랑하는 것을 막을 수는 없습니다. 왜냐하면 모든 사람은 하나님의 형상으로 만들어졌고 고유한 가치를 가지고 있기 때문입니다.

우리는 누구인가?

기독교 세계관에서 우리 인간은 하나님의 피조물입니다. 그분은 우리에게 생명을 불어넣으셨을 뿐만 아니라 그분의 형상대로 우리를 창조하셨습니다. 우리에게 있는 하나님의 형상은 우리의 삶에 가치와 존엄성을 부여합니다. 이것은 기독교 윤리와 우리 자신과 주변 세계를 이해하는 방식을 뒷받침하는 심오한 이해입니다. 그렇다면 하나님은 동성애자를 만드셨습니까? 그렇습니다. 하나님은 모든 인간을 자신의 형상대로 창조하셨고 인종, 언어, 종교, 능력/장애, 성적 취향 또는 성 정체성에 관계없이 무한한 가치를 지니셨다는 의미에서 그렇습니다.

하지만 하나님이 사람들을 게이로 만들었나요? 하나님은 자신과 모순되지 않습니다. 하나님은 인간을 남자와 여자로 창조하셨고, 성경에서 결혼에 대한 언급은 모두 이성애입니다. 동성 관계도 허용되지 않습니다. 만약 하나님이 사람들을 게이로 만들고 동시에 동성 관계를 금지한다면(비플라토닉, Q20 참조), 그것은 하나님이 스스로 모순되는 것이며 따라서 더는 하나님이실 수가 없게 됩니다.

그런데도 사람들이 게이 또는 동성에게 끌리는 이유는 무엇입니까?

하나님은 우리를 창조했고 모든 것이 훌륭했습니다. 그러나 인류는 하나님께 반역했고 죄의 결과를 감당해야 했습니다. 죄는 궁극적으로 우리를 파괴합니다. 그것은 하나님의 선하심과 상충됩니다. 불행하게도 죄의 결과는 우리 주변의 물리적 세계에만 국한되지 않습니다.

그것은 또한 우리에게 신체적, 정신적인 타격을 주었습니다. 죄는 하나님과의 관계뿐만 아니라 우리의 마음과 몸을 습격했습니다. 우리로 하여금 하나님의 뜻에 반대되는 것들을 원하게 하고, 우리의 몸을 하나님이 원래 창조하신 의도보다 더 나쁘게 만들었습니다.

그러므로 생물학적 요인이 성적 지향에 영향을 미친다고 하더라도 그것을 도덕적으로 분류하는 것은 유효한 논거가 아닙니다. 특히 도덕성을 하나님의 계획과 완전한 뜻에 비추어 이해하는 크리스천에게는 더욱 그렇습니다.

그러나 하나님에 대한 믿음이 전혀 없는 사람이 "게이/레즈비언은 그렇게 태어나지 않았느냐"고 묻는다면 어떻게 대답해야 할까요? 과학적 연구는 수십 년 동안 이 질문에 답하려고 시도했지만 그 결과를 냉정하게 해석하는 것은 어려운 일이었습니다.

논쟁의 여지가 있는 모든 주제와 마찬가지로 결과는 미디어, LGBT 활동가, 심지어 크리스천에 의해 표현(또는 잘못 표현)되었습니다. 그러한 주제를 논의할 때 지적 겸손을 유지하는 것은 좋지만 그들이 어떠한 주장을 하는지에 대해서는 철저히 조사할 필요가 있습니다.

'이렇게 태어났다' – 게이가 되기로 결심했나요?

'이렇게 태어났다'는 생각을 먼저 제대로 풀어야 합니다. 이렇게 말하는 사람들은 동성애자가 양육보다 자연의 산물이라고 주장합니다. 자연은 눈 색깔, 혈액형, 키 등과 같은 신체적 특성과 같이 개인이 거의 완전히 통제할 수 없는 '생물학적 고정 배선'을 나타낼 수 있습니다 . 반면에 양육은 가족 양육, 트라우마 및 학대 등과 같은 심리사회적 힘을 의미할 수 있습니다 .

이 부분에서는 동성애에 대한 생물학적 가설에 대해 인용된 가장 일반적인 연구 중 일부를 살펴보겠습니다. 자세한 내용은 싱가포르 국립 교회 협의회의 'Homosexuality questions and answers, 2014 [1], Mark A. Yarhouse 박사의 'Homosexuality and the Christian, 2010 [2], 그리고 ' My genes made me do it!, 2018, ' [3] 등을 참조하여 주시기 바랍니다..

- 뇌 구조의 차이

1991년 Simon LeVay와 그의 동료들은 뇌 구조에 대한 연구를 수행하고 '성적 지향에는 생물학적 기질이 있다'고 제안했습니다 [4]. 그는 이성애자 남성의 앞 시상하부 3(INAH-3)이 동성애자 남성에 비해 2배 더 크고, 동성애자의 그것은 이성애자 여성의 크기에 더 가깝다는 사실을 발견했습니다. 이전 연구에서는 남성과 여성의 뇌 사이에 차이가 있음을 보여주었습니다.

그러나 이 연구와 그 결론에는 몇 가지 문제가 있습니다. 이 연구의 표본은 41개에 불과한 매우 작은 표본이었습니다. 일치하지 않는 결과가 있었습니다 : 3명의 게이 남성은 더 큰 INAH-3 영역을 가졌습니다. 3명의 일반 남성은 INAH-3 영역이 더 작았습니다. 결과는 후속 유사한 연구에서도 재현할 수 없었습니다. 또한 모든 샘플이 AIDS로 사망한 사람들에게서 나온다는 사실, 그리고 이 사람들의 완전한 성적 역사를 알지 못한다는 사실을 고려할 때 불분명합니다. 그들은 사후에 동성애자 또는 이성애자로 지정되었습니다.

또한 1994년 LeVay 자신도 '동성애가 유전적이라거나 게이가 되는 유전적 원인을 찾지 못했다'고 인정했습니다 [6]. 그는 또한 이렇게 말했습니다. "뇌에서 어떠한 특징을 찾지도 못했습니다 ··· 성인의 뇌를 관찰하기 때문에 제가 발견한 차이가 태어날 때부터 있었는지 아니면 나중에 나타났는지 알 수 없습니다." 슬프게도 이 설명은 가설에 대한 초기의 열광적인 수용만큼 광범위하게 다루어지지 않았습니다.

- 쌍둥이 연구

1990년대에 쌍둥이 중 한 명이 동성애자인 쌍둥이를 연구한 연구자들은 이란성 쌍둥이나 다른 형제 자매보다 일란성 쌍둥이 사이에서 더 높은 일치율을 보인다고 보고했습니다[7]. 이것이 '생물학적'인 무언가가 진행되고 있음을 암시하는 것처럼 보일 수 있지만 동성애의 유전적 결정에 대한 강력한 증거는 아닙니다.

일란성 쌍둥이는 같은 난자와 정자에서 형성됩니다. 따라서 거의 동일한 유전자 세트를 공유하므로 같은 성별을 갖는 것과 같은 속성과 눈 색깔과 같은 신체적 속성을 공유합니다. 유전적 요인만 형질에 영향을 미치면 일란성 쌍둥이의 일치율은 100%에 가까워야 합니다. 즉, 쌍둥이 10쌍 중 10쌍 모두 동일한 형질을 갖게 됩니다. 이와는 대조적으로 Bailey와 Pillard(1991)의 연구는 일란성 쌍둥이에 대해 52%의 낮은 일치율을 보여, 높은 수준의 영향이 비생물학적 요인에서 비롯됨을 보여줍니다.

다른 심각한 문제도 이 연구를 괴롭혔습니다. 그것은 편향된 지원자 풀입니다. 연구원은 게이 잡지를 통해 참가자를 모집했습니다. 또한 Bailey, Dunne 및 Martin이 2000년에 전보다 훨씬 더 큰 표본 크기로 연구를 수행했을 때에는 결과가 전과 같지 않았습니다.

그 연구에서는 일란성 쌍둥이의 일치율은 남성의 경우 20%, 여성의 경우 24%에 불과했습니다 [8]. Bearman과 Brueckner(2002)는 일란성 쌍둥이의 6.7%만이 둘 다 동성애자임을 발견했습니다[9].

Bailey 연구원은 이렇게 말했습니다. "성적 지향은 선택과 아무 관련이 없습니다. 우리의 연구 결과는 작동하는 유전자가 있을 수 있음을 시사합니다. 남성이 동성애자인지 이성애자인지에 영향을 미치는 두 가지 세트에 대한 증거를 찾았습니다. 하지만 완전하지는 않습니다. 그보다 결정적인, 좀 더 확실한 것은 환경적 요인이 관련되어 있다는 점입니다.

이 연구는 남성의 성적 지향과 관련된 유전자가 있을 수 있음을 보여줍니다. 이것은 언젠가 남성의 성적 성향에 대한 사전 검사로 이어질 수도 있겠지만 결과에 영향을 미칠 수 있는 다른 요인이 있기 때문에 정확하지 않을 것입니다"[10].

이는 결국 기본적으로 다른 비생물학적 요인이 크게 영향을 미칠 수 있으므로 유전자가 사람의 성적 취향을 결정하지 않는다는 점을 인정하는 것입니다.

- 염색체 연구

1993년에 Hamer와 동료들은 X 염색체의 DNA 마커와 남성의 성적 취향 사이의 연관성을 제안했습니다 [11]. 그들은 각 가족에서 동성애자로 식별된 두 형제가 있는 40개 가족을 연구했습니다. 이 연구는 33쌍의 형제가 Xq28로 알려진 위치에서, (어머니로부터) X 염색체의 5개 마커를 공유한다는 것을 발견했습니다.

그러나 공유 마커의 존재는 결정된 성적 취향에 대한 강력한 주장이 아닙니다. 우리는 46개의 염색체 (23쌍)를 가지고 있으며 유전자는 독립적으로 작동하지 않습니다. 동성애에 관해서는 기껏해야 폴리 유전자성(영향이 적은 여러 유전자, 파트 d 참조) 특성으로 관찰됩니다. 따라서 Xq28이라는 단일 유전자가 특정 행동을 직접 유발한다고 말할 수 없습니다.

이 연구의 다른 문제는 결과를 복제할 수 없다는 것입니다. 다른 연구에서는 Hamer의 발견을 복제할 수 없었습니다. 통제 그룹도 없었습니다. Hamer는 이성애 형제를 비교 대상으로 보지 않았습니다. 자신을 게이라고 밝히지 않은 다른 남성들도 자신의 X 염색체에 동일한 유전자 마커를 가지고 있었을 가능성이 있습니다. Hamer는 또한 유전적 구성이 자신의 연구 결과와 모순되는 형제의 결과를 제외했습니다.

마지막으로 Hamer 자신은 "우리는 존재하지 않는다고 생각하는 성적 취향에 대한 유전자를 발견하지 못했습니다" [12]라고 말했습니다. 동일한 유형의 연구를 수행하는 다른 학자들은 환경적 요인이 사람의 궁극적인 성적 지향에 역할을 한다는 것을 인식했습니다[13, 14].

2017년 North Shore 대학의 Alan Sanders는 "이 유전자의 "게이" 변종을 가진 모든 남성이 게이입니까?" 라는 질문에 답했습니다. "아니요, 환경을 포함하여 다른 많은 요인이 역할을 하기 때문입니다. 게이가 될 가능성을 높이는 유전자 형태를 가진 남성이 있을 것이지만 게이가 되지는 않을 것입니다"[15].

- 현재까지 가장 큰 연구/게놈 차원의 연관성 연구(GWAS)

2019년에는 인간의 성적 지향과 생물학에 관한 지금까지 가장 큰 규모의 연구가 발표되었습니다. 연구팀은 영국과 미국에서 온 477,522명의 개인에 대한 게놈 차원의 연관성 분석을 수행 했고, 15,142명의 복제 분석을 수행했습니다.

- 미국과 스웨덴의 개인. 성적 취향의 다양한 측면을 사용한 후속 분석.

이 연구는 표본 크기가 방대하고 동성에 대한 끌림/행동과의 생물학적 영향/상관관계를 이해하려는 종합적인 시도라는 점에서 의미가 있습니다. 그러나 결과는 동성 행동과 유의미하게 관련된 5개의 상염색체 유전자만을 보여주었습니다. 총체적으로 테스트된 모든 유전자 변이는 남성과 여성의 동성애적 행동 변이의 8%에서 25%를 차지했습니다.

광의의 유전 가능성은 32.4%(즉 영향의 67.6%가 비생물학적임)이며 이전의 소규모 쌍둥이 연구와 유사합니다. 수석 연구 저자인 Andrea Ganna도 "게이 유전자는 없다"고 말했고, 논문은 "측정된 모든 공통 변이는 인류의 유전성의 일부만을 설명하며 개인의 성적 취향에 대한 의미 있는 예측을 허용하지 않습니다."라고 언급했습니다.

연구에서 발견된 동성 행동과의 다른 유전적 상관관계에는 성격 특성(외로움 및 경험에 대한 개방성), 위험한 행동(흡연 및 대마초 사용) 및 정신 건강 장애가 포함됩니다. 양극성 장애, 대마초 사용 및 성적 파트너 수와의 유전적 상관관계는 남성보다 여성에서 훨씬 더 높았습니다. 이러한 부정적인 행동 및 정신 건강 장애와 관련하여 연구팀은 "이러한 유전적 상관관계의 인과적 과정은 불분명 하며 동성 간 성행위에 참여하는 개인에 대한 편견과 관련된 환경적 요인에 의해 생성될 수 있다"고 강조했습니다.

동성애에서 생물학의 역할

수십년간의 이 모든 연구는 동일한 결론에 도달합니다. 그것은 아무도 동성애의 정확한 이유나 원인을 모른다는 것입니다. 친 LGBTQ 과학 커뮤니티조차도 생물학적 결정을 주장할 수 없고 그 원인을 알 수 없었습니다.

동성 간의 행동이 정신 건강 장애와 유전적으로 연관되어 있고 위험한 행동으로 이어진다는 인과 관계의 결론을 내릴 수 없는 것처럼, 우리는 동성애의 원인에 대한 인과 관계를 함부로 설정해서는 안됩니다.

성적 지향이 생물학에 의해 결정되지 않는다고 무슨 큰 문제가 될까요?

생물학적 가설은 성적 지향이 생물학에 의해 결정되기 때문에 어떤 형태의 성적 끌림이나 성적 지향도 일반적인 생물학적 다양성으로 받아들여야 하며 이는 불변할 것이라고 제안합니다. 그러나 위에서 언급한 바와 같이 동성애는 유전적으로 결정되는 것이 아니라 다양한 요인이 복합적으로 뒤섞인 결과임이 분명합니다.

눈 색깔, 피부색 또는 성별과 같이 생물학적으로 결정되는 신체적 특성은 생물학적으로 결정되는 인류의 일부로 성적 지향을 두는 비교로 그려질 수 없습니다.

동성애가 생물학적으로 결정되지 않는다는 사실을 알면 개인이 자신의 성적 선호도나 성향의 변화를 경험하는 것이 불가능하다는 통념이 사라집니다 (자세한 내용은 Q8 참조). 생물학에 의해 결정/고정되지 않았기 때문에 범주적 변화(동성애에서 이성애 또는 이성애에서 동성애로의 변화)는 가능하다고 볼 수 있습니다. SSA를 경험한 크리스천의 경우, 당신의 목표가 독특하지 않다는 것을 기억하십시오. 이성애자가 되는 것이 아니라 거룩함에 관한 것입니다. 동성애는 우리를 위한 하나님의 계획과 뜻에 부합하지 않습니다.

사역을 위한 조언:

• 그리스도 안에 있는 우리의 정체성에 초점을 맞추십시오 – 우리의 모든 투쟁은 공통적이며 참으로 하나님은 우리에게 피할 길을 주십니다

≫ 탈출은 반드시 SSA와의 투쟁으로부터의 자유를 의미하는 것이 아니라(비록 그럴 수도 있지만) 육신의 욕망을 거부하고 거룩함의 방향으로 경건한 욕망을 추구하는 능력을 의미 합니다.

- 인간은 모두 결함이 있으며 모든 장소, 사람 및 사물에서 사랑을 찾는 방법에 초점을 맞춥니다. 그러나 이러한 것들은 진정으로 하나님을 만나지 않고는 모두 헛된 것입니다.
- 게이로 태어난다는 것은 없다는 사실을 확고히 하십시오.

≫ 개인의 성적 취향에 알 수 없는 방식으로 기여하는 요인에는 광범위한 범주가 있음을 기억하십시오.

≫ 생물학이 영향 요인의 일부일 수 있음을 인정하는 것은 '이렇게 태어났다'는 이야기를 정당화하지 않습니다. 인류는 타락했고, 우리의 생물학 역시 타락했습니다.

≫ 성적 취향/성향의 변경은 가능하지만 목표는 아닙니다. 거룩함은 성령의 도우심으로 얻을 수 있는 것입니다.

- 인간의 모든 상태가 악마의 일인 것은 아닙니다. 어떤 사람에게 구원이 필요하다고 성급히 결론짓지 마십시오!
- 그들을 변화시키고 싶다면 그와 함께 인생을 사십시오 –그 사람을 더 잘 알고 그들의 필요 사항을 돌보기 위해 애쓰십시오.

≫ SSA를 경험하는 친구/회원에게 성역을 베푸는 것은 단순히 하나님과 성경에 대한 지식을 전하는 문제가 아닙니다.

≫ 사람들은 듣고 이해받기를 원합니다. 때때로 그들은 SSA를 핵심 정체성으로 받아들일 것을 제안하는 다른 커뮤니티에서 들은 내용을 명확히 하는 데 도움이 필요합니다.

≫ SSA에 대해 과학적으로 배우려면 시간과 노력이 필요합니다. 그러나 우리가 SSA를 경험 하고 있는 친구와 회원을 진정으로 사랑한다면, 거룩함이라는 공동의 목표를 향해 그들과 여행을 시도하기 전에 그들의 경험과 어려움을 이해하는 시간을 가져야 합니다.

참조:

[1] Homosexuality questions and answers, 2014, https://nccs.org.sg/resources/books/
[2] Homosexuality and the Christian, 2010, https://g.co/kgs/6zfd98
[3] My genes made me do it!, 2018, https://www.mygenes.co.nz/summary.html
[4] A difference in hypothalamic structure between heterosexual and homosexual men, 1991, https://science.sciencemag.org/content/253/5023/1034/tab-pdf, accessed 20 Aug 2020
[5] Sex and the brain, 1994, https://www.discovermagazine.com/mind/sex-and-the-brain#.

UwILRSiCYeV, accessed 20 Aug 2020

[6] A genetic study of male sexual orientation, 1991, https://www.researchgate.net/publication/21311211_A_Genetic_Study_of_Male_Sexual_Orientation

[7] Genetic and Environmental influences on sexual orientation and its correlates in an Australian twin sample, 2000, https://pubmed.ncbi.nlm.nih.gov/10743878/

[8] Opposite-sex twins and adolescent same-sex attraction, 2002, https://www.researchgate.net/publication/247062560_Opposite-Sex_Twins_and_Adolescent_Same-Sex_Attraction

[9] Being homosexual is only partly due to gay gene, research finds, 2014, https://www.telegraph.co.uk/news/science/science-news/10637532/Being-homosexual-is-only-partly-due-to-gay-gene-research-finds.html, accessed 20 Jul 2020

[10] A linkage between DNA Markers on the X Chromosome and the male sexual orientation, 1993, https://pubmed.ncbi.nlm.nih.gov/8332896/

[11] My genes made me do it! (see chapter 1 and chapter 9), 2018, https://www.mygenes.co.nz/summary.html

[12] Review: ""A Linkage Between DNA Markers on the X Chromosome and Male Sexual Orientation" (1993), by Dean H. Hamer and Charles A. Thomas.", 2017, https://embryo.asu.edu/pages/linkage-between-dna-markers-x-chromosome-and-male-sexual-orientation-1993-dean-h-hamer-and, accessed 20 Aug 2020

[13] Large-scale GWAS reveals insights into the genetic architecture of same-sex sexual behavior, 2019, https://science.sciencemag.org/content/365/6456/eaat7693, accessed 20 Aug 2020

[14] No 'gay gene': Massive study homes in on genetic basis of human sexuality, 2019, https://www.nature.com/articles/d41586-019-02585-6, accessed 20 Aug 2020

[15] What causes Homosexuality/Heterosexuality/Bisexuality?, 2000, https://www.aglp.org/Pages/factsheets.htm, accessed 20 Aug 2020

질문 6
동물의 왕국에서 나타나는 동성애는 어떻습니까?

신속한 답변:

'자연'에 있어서 동성애는 그 행위가 궁극적으로 종을 멸종으로 몰고 갈 것이기 때문에 번식이라는 성의 주요 기능에 반하는 것입니다. 더군다나 동물은 우리가 인간성과 섹슈얼리티를 이해하는 데 도움이 되는 최고의 모델이 아닙니다. 인간의 섹슈얼리티는 훨씬 더 복잡합니다. 그것은 하나의 요인에 의해 단독으로 결정되는 것이 아니라 여러 요인에 의해 영향을 받습니다. 그러므로 동물계에 동성애가 존재한다고 해도 인간에게 좋은 본보기로 삼을 수는 없습니다.

동물의 왕국에서 동성애

최근 몇 년 동안 펭귄은 여러 펭귄이 동성애 짝짓기 및 양육 행동을 모델링했기 때문에 많은 사람들의 상상력을 사로잡았습니다[1].

'게이 펭귄 부모'가 병아리를 입양하는 이야기(실화 기반!)를 다룬 "And Tango Makes Three"와 같은 책도 어린이 섹션에서 인기를 끌었습니다. 인터넷에 검색하면 동성애 행동을 보이는 다른 동물들도 쉽게 찾을 수 있습니다. 따라서 일부 사람들은 이렇게 묻고 있습니다. "동성애가 본질적으로 그렇게 흔한 것이라면 왜 우리 인간에게 그렇게 나쁜 것으로 간주됩니까?"

이에 따라 과학자들은 동물 모델에 대한 더 많은 증거가 등장함에 따라 동성애가 존재하는 이유에 대해 보다 정교한 진화론적 설명을 제시하려고 시도하고 있습니다[2]. 소위 '게이 양'에 대한 연구는 동물의 생물학의 한 측면이 동성 행동을 증가시키기 위해 조작될 수 있다면 그 '생물학적 전환'이 동성애의 원인일 가능성이 있음을 보여주려고 합니다[3]. 2005년 초파리에 대한 연구에서는 fru 유전자가 성적 행동에 영향을 미치고 암컷이 동성 행동을 나타내게 할 수 있다고 제안했습니다[4].

그러나 연구원들은 또한 초파리의 성적 행동에 대한 통제는 의심할 여지 없이 우리의 통제와 다르다고 경고했습니다. 저자 중 한 명인 Barry Dickson은 "인간의 경우 성적 행동이 유전자에 의해 돌이킬 수 없게 설정되지 않는다는 것을 알고 있습니다. 하지만 그렇다고 해서 유전자가 영향을 미치지 않는다는 의미는 아닙니다."라고 말했습니다. 또한 벨기에는 "이와 같은 단순한 메커니즘에 대해 강한 결론을 내리기에는 너무 이르다"고 언급했습니다[5].

예전에는 동성애가 번식이 불가능하기 때문에 본질적으로 정상일 수 없다고 여겨졌지만, 지금은 실제로 발생하는 것이 관찰되고(아직도 정상은 아니지만) 그 이유에 대한 설명이 나왔습니다. 이것은 과거의 사람들이 생각했던 것을 무효화하는 것처럼 보일 것입니다. (동성애를 금지하는 법은 일반적으로 "자연의 질서에 반하는 육체적 성교"로 쓰여졌습니다).

'자연'이란 무엇을 의미합니까?

'자연적'은 자연 영역에서 관찰할 수 있는 것(물리적, 생물학적 및 생태적 현상 포함)을 의미할 수 있지만 '자연적'은 적절한 기능을 포함하는 사람이나 사물의 타고난 특성을 의미하기도 합니다. 이런 의미에서 동성애가 부자연스럽다는 생각, 즉 출산을 위한 성의 기능을 수행하지 못한다는 생각은 플라톤만큼이나 오래되었으며 자연법에 관한 이론을 가지고 있습니다[6].

또한 음경-항문 성교에서 발생하는 합병증은 건강에 위험을 초래한다는 점에서 그것이 '부자연스러운' 또 다른 이유입니다(Q9 참조). 요컨대 기억해야 할 중요한 점은 '자연'의 의미는 동물계의 성적 행위에 대한 관찰을 넘어 확장되며, 따라서 동성애 행위는 다른 의미에서 부자연스러울 수 있다는 것입니다.

부적절한 모델

궁극적으로 동성애가 동물의 세계에서 발생하기 때문에 허용되는 것으로 정당화하는 것은 더 근본적인 질문을 망각함으로써 요점을 놓치는 것입니다. 동물의 행동을 따라 도덕성을 모델로 삼는 것이 옳습니까? 인간의 성적 행동은 동물의 짝짓기 의식보다 훨씬 더 복잡하며 수많은 연구에서 단일 결정 요인이 아닌 여러 요인이 혼합되어 있음을 지적했습니다. 즉, 동성애가 자연에서 발생하기 때문에 받아들일 수 있다는 주장은 근본적으로 나쁜 주장입니다.

사역을 위한 조언:

- 누군가 동성애를 '정상적인' 것으로 정당화하기 위해 이 질문을 할때 명확한 질문을 하십시오. "자연스럽다는 것은 무엇을 의미합니까?"

  ≫ 동성애 성적 행위, 특히 남색과 같은 남성 동성애 행위는 인간의 해부학적 구조에 어

굿나므로 유해합니다 (자세한 내용은 질문 9 및 10 참조).

≫ 섹스는 일부일처제(결혼) 관계에서 가장 안전합니다.

• 성에 대한 우리의 접근 방식에서 거룩함은 우리 자신을 다치게 하거나 지속적인 두려움과 불안(예: 질병에 대한 두려움. 혼전 이성애의 경우)으로부터 보호할 수 있습니다.

참조:

[1] A gay penguin couple adopted an egg in Berlin zoo, 2019, https://edition.cnn.com/2019/08/13/us/gay-penguin-couple-egg-zoo-berlin-trnd/index.html, accessed 20 Aug 2020

[2] A test of genetic models for the evolutionary maintenance of same-sex sexual behaviour,2015,https://royalsocietypublishing.org/doi/full/10.1098/rspb.2015.0429, accessed 20 Aug 202

[3] Homosexuality and the Christian: A Guide for Parents, Pastors, and Friends, chapter 3, 2010.

[4] Fruitless Splicing Specifies Male Courtship Behavior in Drosophila, 2005, https://www.cell.com/action/showPdf?pii=S0092-8674%2805%2900407-1, accessed 20 Aug 2020

[5] Fruitflies tap in to their gay side, 2005, https://www.nature.com/news/2005/050531/full/050531-9.html, accessed 20 Aug 2020

[6]Homosexuality,2002,https://plato.stanford.edu/entries/homosexuality/#NatLaw, accessed 20 Aug 2020

질문 7
동성애는 장애입니까?

신속한 답변:

오늘날 과학계는 동성애를 정신 장애로 간주하지 않지만 논쟁이 없는 것은 아닙니다. 1970년대부터 동성애를 장애 분류에서 제외하게 된 가장 중요한 요인은 행동주의였습니다. 분류 제외는 동성애가 정신 장애의 새로운 기준인 '주관적 고통을 유발했거나 사회적 효과의 일반화된 손상과 관련되었기 때문에 '장애'의 분류에 속하지 않는다고 결정한 투표 때문입니다. 그러나 동성애가 장애냐 아니냐에 집착할 필요는 없습니다. 기독교는 성적지향의 변화는 가능하지만 그것을 목표로 하지 않기 때문입니다.

DSM-II 재검토에서 동성애 제외

1973년은 동성애가 정신 장애 진단 및 통계 편람(DSM-II)에서 삭제되면서 LGBTQ 활동가들에게 중요한 해였습니다[1, 2]. 이것은 DSM이 미국 및 전 세계의 의료 전문가들이 정신 장애 진단에 대한 권위 있는 가이드로 사용하는 핸드북이기 때문에 중요합니다.

그 이후로 미국심리학회와 미국정신의학회는 동성애가 대체로 '인간 성의 정상적인 형태'로 간주되며 건강한 인간 발달을 방해하지 않을 것이라고 밝혔습니다[2]. 1990년 후반에 세계보건기구는 국제 질병 통계 분류(International Statistical Classification of Diseases, ICD-10) 에서 동성애를 삭제했습니다[3][4]. 오늘날 주요 과학 및 전문 기관은 더 이상 동성애를 장애로 간주하지 않습니다.

제외하게 된 이유는 무엇입니까? 1973년 DSM-II에서 동성애를 제외하는 데 동성애 활동가들이 가장 중요한 역할은 아니지만 중요한 역할을 했다는 사실은 체계적으로 문서화되어 있으며 논쟁의 여지가 없습니다[5][6]. '게이 브레인'(자세한 내용은 Q5 참조)에 대해 발표한 연구원인 Simon LeVay는 "게이 행동주의는 분명히 APA가 동성애를 분류 해제하도록 추진한 힘이었습니다"[7] 라고 말했습니다. 이것의 정치는 심지어 게이 활동가(Ronald Bayer 교수) 자신에 의해 문서화 되었습니다[8].

1970년 이후 동성애 활동가들은 미국정신의학회 회의를 방해하여 극심한 압력으로 인해 1971년에는 동성애자들이 후원하는 '게이가 좋다'라는 특별 패널들이 '동성애' 진단으로 인한 낙인에 대해 정신과 의사들에게 설명하는 것을 허용하기도 했습니다.

결국 1973년 APA 명명법에서 동성애를 제외하자는 제안이 나왔습니다. 이 검토를 담당한 위원회에는 Dr. Robert Spitzer가 포함되었으며, 다양한 연구자들이 명명법에서 동성애를 제외하자는 제안에 대한 견해를 제시했습니다. 제안 반대자들에게는 전체 제안에 대해 반박할 수 있는 시간이 15분밖에 주어지지 않았습니다[7]. 제외 사유는 '동성애 진단으로 낙인과 고통 유발', '동성애는 정신질환의 정의에 맞지 않는다' 등이다. 제외를 반대하는 이유로는 '발달 정지를 지적한 정신분석적 연구', '동성애를 일탈적 성/성기능 장애로 재정의하는 모호성' 등이 있습니다[9].

APA 회원들에 대한 호소는 협회 회장 후보 몇 명과 다른 저명한 정신과 의사들이 서명한 서한 형태로 이루어졌습니다. 이 편지는 우편 요금을 지불한 게이 및 레즈비언 태스크 포스가 초안을 작성했습니다.

동성애는 결국 DSM에서 제외되었고, 동의하지 않은 3,810명과 탈병리화에 찬성하는 5,854명으로 투표 (APA 회원의 34%만이 응답)한 후에 완료되었습니다[4][6]. 그 결과 동성애를 '장애'로 분류하던 것에서 '성적 지향 장애'라는 새로운 분류로 분류하여 동성에게 매력을 느끼는 개인이 그 매력을 괴로워하거나 원하지 않고 바꾸고 싶어하는 경우에만 동성애를 질병으로 간주하는 새로운 분류로 바뀌었습니다[5].

원치 않는 동성의 매력

동성 또는 성적 끌림이 원치 않는 것일 수 있습니까? SSA를 원치 않는다고 결정한 경우 어떻게 해야 합니까? SSA를 경험하지만 단순히 낭만적인 관계에 관심이 없는 사람들은 어떻습니까? 그들은 존재합니까? 예, 이 사람들은 존재합니다[Truelove.is/weexist 참조].

끌림이나 욕구는 개인이 다른 길이 존재하고 선호된다고 확신할 때 원하지 않는 것으로 결정될 수 있습니다. 예를 들어 결혼한 후에도 이성애자임을 멈추지 않는 이성애 기혼 남성을 생각해 보십시오. 그 남자는 인생의 어느 시점에서 그의 아내가 아닌 다른 매력적인 여자에게 끌릴 수 있습니다. 이(성적) 끌림은 남자도 아내를 사랑하기 때문에 원하지 않을 수 있습니다. 사실, 그는 다른 여성에게 자신의 성적 매력을 충족/추구할 기회보다 아내를 더 사랑합니다.

같은 방식으로, 일부 사람들은 경험이 풍부한 SSA를 원하지 않는 유사한 신념이나 선호도를 가질 수 있습니다. 사람들은 자신의 삶의 경험과 매력으로 무엇을 할지 결정할 수 있는 선택권이 주어져야 하지만, 최근에 '전환 요법'이라는 형편없이 정의된 포괄적인 용어를 금지함으로써 이 선택을 없애야 한다는 요구가 증가했습니다(자세한 내용은 Q8 참조).

이것은 과거에도 일어났습니다. APA 명명법에서 동성애를 제거하는 문제를 조사하는 소위원회의 의장인 로버트 스피처(Robert Spitzer) 박사는 나중에 정신과 의사가 진정으로 원하는 동성애자에게 치료를 제공하려고 시도하는 것을 비윤리적으로 만드는 APA의 제안에 대해 우려하게 되었습니다[7].

그는 변화를 원하는 사람들을 위한 치료의 윤리에 관한 충분한 논의가 없다고 느꼈습니다. 그런 다음 그는 2000년에 이 문제에 대한 양측의 토론을 제안했지만, 변화를 원하는 사람들에게도 치료를 중단하는 쪽의 두 의사가 행사에서 물러나고 스피처 박사를 비난까지 하기에 이르러 큰 논쟁은 일어나지 않았습니다.

오늘날의 현실

오늘날 미국과 유럽에서 심리치료의 표준은 동성애자들이 자신의 성적 지향을 받아들이도록 격려하는 동성애 긍정 심리치료입니다[4]. 원치 않는 SSA에 대한 모든 형태의 치료(상담 포함)를 완전히 금지하라는 요구가 제기되었습니다[10].

동성애가 장애로 분류되지는 않지만, 많은 동성애자들이 고도로 '관용'하거나 '긍정적인' 사회에서도 우울증과 같은 다양한 정신 질환을 계속 앓고 있거나 자살 경향이 있는 것으로 알려져 있습니다. 자살률은 덴마크와 스웨덴에서 동성 결혼을 한 사람들(둘 다 긍정적인 사회)에서 이성 결혼을 한 사람들에 비해 계속해서 2배 더 높습니다[11][12]. 마약 복용과 같은 위험한 행동은 긍정의 증가에도 불구하고 LGBTQ 커뮤니티에서 계속해서 더 흔하게 발견됩니다[13].

활동가들은 계속해서 그 이유가 편협함, '동성애 혐오' 및 기타 형태의 배척 때문이라고 주장합니다. 오늘날 성적으로 자유주의적인 사회에서 HIV는 대중의 수용과 동성애 섹스에서 '안전한 관행'을 장려하는 공공 성교육의 증가에도 불구하고 이성애자보다 불균형적으로 게이 커뮤니티(남성과 성관계를 갖는 남성 – MSM)를 계속해서 괴롭히고 있습니다[14][15].

유럽에서는 남성간 성관계로 인한 모든 HIV 진단의 비율이 2007년 35%에서 2016년 40%로 증가했습니다[16]. 이것은 서유럽과 중부 유럽에서 높은 수준의 대중적 긍정과 수용이 있는 현실이기 때문에 주목할 만합니다. 동성애를 모호하게 분류/정규화하는 관련 문제와 예상되는 결과(건강 및 사회적)가 실현되는 동안 긍정의 약속은 생각한대로 구체화되지 않는 것 같습니다.

이 모든 것이 크리스천에게 무엇을 의미합니까?

위의 단락은 LGBTQ 개인을 이성애자보다 열등한 것으로 묘사하기 위한 것이 아닙니다. 그들은 이성애자보다 더 '더럽지' 않으며, 그들이 직면한 어려움을 인정하는 것이 중요합니다. 여기에는 사회의 일부로부터 괴롭힘을 당하고 배척당하는 것과 사랑하는 사람에게 거부당했을 때 느끼는 고통이 포함됩니다. 이것들은 또한 자신을 마비시키기 위해 약물 복용이나 위험한 행동으로 전환하는 LGBTQ 개인의 중요한(유일한 것은 아님) 요인/부정적 경험입니다.

이를 인정하는 것이 긍정에 해당하지 않으며, 긍정이라는 활동가의 유일한 권장 사항을 따라야 한다는 의미도 아닙니다. 이를 인정하는 것은 우리가 그들의 관점을 더 잘 이해하고 그들에게 더 나은 친구/신뢰감을 주는 데 도움이 됩니다. 괴롭힘은 성별, 종교, 인종 등에 관계없이 결코 옳지 않습니다.

이 메모에서 활동가들은 종종 사회에서 동성애 옹호의 긍정적인 결과를 기대하는 것을 방해한 증오와 배척에 대해 종교 단체를 비난합니다. 여기에는 어느 정도 일리는 있지만(소수의 종교인들은 계속해서 혐오스러운 말을 합니다), 그러한 비난이 동성애적 행위에 대한 정당하고 비판단적인 비판을 침묵시키는 방법으로 사용될 때 그러한 비난에 저항하는 것이 중요합니다.

그 결과 SSA를 경험하는 크리스천의 경우 그 원인이 무엇인지는 알 수 없지만 개인의 성적 취향이 주장하는 것처럼 불변의 것이 아니라는 것은 알고 있습니다. 범주의 변화는 드물고(동성애자에서 이성애자로만) 목표가 아니지만, 우리는 성적 매력(반대 또는 동일)에 관계없이 하나님께 거룩한 삶을 살기 위해 노력해야 합니다. 또한 자신이 다른 사람보다 더럽다고 생각하거나 투쟁이 일상적이고 매우 개인적일 수 있기 때문에 구원받을 수 없다고 생각하지 마십시오.

우리는 모두 하나님에게서 멀어진 방탕한 자녀들이며, 하나님께서는 회개하라는 그분의 부르심에 귀를 기울이는 모든 사람에게 똑같은 환대와 사랑을 베푸십니다. 교회는 우리 모두가 가장 깊고 어둡고 가장 개인적인 어려움을 털어놓을 수 있는 더 안전한 공간이 되기 위해 노력하고 있습니다.

우리는 잘할 때도 있고 잘하지 못할 때도 있습니다. 서로에게 인내와 친절과 온유함으로 항상 용서하고 기꺼이 서로가 진리와 사랑 안에서 성장하도록 돕도록 합시다.

SSA를 경험하지 않는 크리스천에 관해서는 SSA를 경험하는 사람을 병에 걸렸거나 치료가 필요한 것처럼 대해서는 안 됩니다.

크리스천의 목표, 거룩함은 성별에 관계없이 모든 사람의 목표입니다. 우리는 확실히 SSA를 근거로 우리 모임에서 누군가를 배척해서는 안 됩니다. 다른 유혹을 경험하는 사람과 마찬가지로(Q11 참조) SSA를 경험하는 크리스천은 자신의 감정을 이해하고 그리스도 안에서 자신의 정체성을 이해하기 위해 우리의 지원과 안전한 공간이 필요합니다. 우리는 다른 사람들을 위해 하듯이 그들이 SSA와 함께 경험하는 상처, 긴장, 우울증 및 기타 어려움을 위해 기도함으로써 그러한 사람들에게 사역할 수 있습니다.

우리는 또한 성을 정체성의 핵심으로 여기지 않고 그리스도 안에 있는 우리의 정체성에 초점을 맞추도록 서로 격려해야 하며, 그렇게 함으로써 하나님을 진정으로 추구하는 더 건전한 삶을 살도록 서로를 도와야 합니다. 하나님은 그분을 믿고 그분이 그들의 고난 위에 계시다고 신뢰하는 모든 사람에게 좋은 소망과 미래를 가지고 계십니다.

사역을 위한 조언:

- 동성애가 성범죄인지에 대해 너무 신경 쓸 필요가 없습니다.

  ≫ SSA의 정확한 원인은 알 수 없습니다(Q5 참조).
  ≫ 목표는 성적 취향을 바꾸는 것이 아니라 서로 돕는 것입니다.
  ≫ 예수님께 초점을 맞춥니다.

- LGBTQ 개인이 모두 문란하고 마약 중독자라고 가정하지 마십시오. 경향이 있거나 다른 동반 정신 장애가 있습니다.

  ≫ 고위험 행동(고위험 성적 행동 포함), 약물 소비 및 정신 장애 발생에 기여하는 많은 요인이 있습니다.
  ≫ 성에 대한 LGBTQ의 이야기에 동의하지 않더라도 개인을 사랑하고 돌보아야 합니다
  ≫ 부정적인 고정관념을 형성하는 것은 누구에게도 거의 도움이 되지 않습니다. 대신 우리는 그들이 위험이 더 높다는 것을 인정하고 그들의 섹슈얼리티를 확인하는 것 외에 다른 방법으로 그들을 도울 수 있습니다.

- 우리가 그들의 관점에 동의하지 않는다는 이유만으로 활동가들을 악마로

취급하지 마십시오.

>> 활동가는 (때로는 크리스천/기독교 공동체에 의해) 나쁜 관행으로 인해 상처를 입은 사람들일 수 있으며,

>> 그들의 상처와 어려움을 이해하고, 그들의 말을 들어주어야 합니다.

>> 동의하지 않는 데 동의합니다. 다른 사람을 즉시 설득할 필요가 없습니다.

>> 우리는 동의하지 않을 수 있지만 여전히 친구이며 서로 사랑합니다.

>> 그들이 도를 넘었다면 선천적으로 악한 사람이라는 인상을 주지 않고 과감하게 잘못을 온유한 마음으로 지적해야 합니다.

• 진리와 선을 함께 추구하도록 격려합시다.

참조:

See also: Homosexuality questions and answers, 2014, https://nccs.org.sg/resources/books/

[1] #FlashbackFriday—Today in 1973, the APA Removed Homosexuality From List of Mental Illnesses, 2017, https://www.hrc.org/blog/flashbackfriday-today-in-1973-the-apa-removed-homosexuality-from-list-of-me, accessed 20 Aug 2020

[2] Homosexuality and scientific evidence: On suspect anecdotes, antiquated data, and broad generalizations, The Linacre Quarterly 82 (4) 2015, 364-390 https://www.ncbi.nlm.nih.gov/pmc/articles/PMC4771012/pdf/lnq-82-364.pdf, accessed 20 Aug 2020

[3] Proposed declassification of disease categories related to sexual orientation in the International Statistical Classification of Diseases and Related Health Problems (ICD-11), 2014, https://www.who.int/bulletin/volumes/92/9/14-135541/en/, accessed 20 Aug 2020

[4] When Homosexuality Stopped Being Mental Disorder, 2015, https://www.psychologytoday.com/us/blog/hide-and-seek/201509/when-homosexuality-stopped-being-mental-disorder, accessed 20 Aug 2020

[5] Out of DSM: Depatholizing Homosexuality, 2015, https://www.ncbi.nlm.nih.gov/pmc/articles/PMC4695779/, accessed 20 Aug 2020

[6] My genes made me do it!, 2018, https://www.mygenes.co.nz/summary.html, accessed 20 Aug 2020

[7] Homosexuality: Innate or Immutable?, Regent University Law Review, 2002, https://regentparents.regent.edu/acad/schlaw/student_life/studentorgs/lawreview/docs/issues/v14n2/Vol.%2014,%20No.%202,%206%20Olsen.pdf, accessed 20 Aug 2020

[8] Homosexuality and American psychiatry: The Politics of diagnosis, 1987, https://psycnet.apa.org/record/1987-98501-000, accessed 20 Aug 2020

[9] A Symposium: Should Homosexuality Be in the APA Nomenclature?, 1973 https://ajp.psychiatryonline.org/doi/abs/10.1176/ajp.130.11.1207, accessed 20 Aug 2020

[10] Council committee unanimously approves conversion therapy ban bylaw, 2020

https://www.cbc.ca/news/canada/calgary/conversion-therapy-bylaw-1.5568896, accessed 20 Aug 2020

[11] Suicide in married couples in Sweden: Is the risk greater in same-sex couples?, 2016, https://www.ncbi.nlm.nih.gov/pmc/articles/PMC6889060/, accessed 20 Aug 2020

[12] Suicide among persons who entered same-sex and opposite-sex marriage in Denmark and Sweden, 1989-2016: a binational, register-based cohort study, 2019, https://jech.bmj.com/content/74/1/78, accessed 20 Aug 2020

[13] Substance abuse, 2016, https://www.cdc.gov/msmhealth/substance-abuse.htm, accessed 20 Aug 2020

[14] HIV testing and prevention among foreign-born Men Who have Sex with Men: an online survey from Sweden, 2017, https://www.ncbi.nlm.nih.gov/pmc/articles/PMC5282625/, accessed 20 Aug 2020

[15]US Statistics, 2018, https://www.hiv.gov/hiv-basics/overview/data-and-trends/statistics#:~:text=Gay%2C%20bisexual%20and%20other%20men,diagnoses%20in%20the%20United%20States.&text=Black%2FAfrican%20American%20MSM%20accounted,of%20diagnoses%20among%20all%20MSM., accessed 20 Aug 2020

[16] HIV/AIDS surveillance in Europe 2017 - 2016 data, 2017, https://www.ecdc.europa.eu/en/publications-data/hivaids-surveillance-europe-2017-2016-data, accessed 20 Aug 2020

질문 8
'전환 치료 요법'이란 무엇입니까?

신속한 답변:

'전환 치료 요법'은 개인이 원치 않는 SSA를 관리하는 데 도움이 되는 요법을 언급하기 위해 LGBTQ 활동가들이 만든 용어입니다. 이 용어는 정치적인 입장을 취했으며 특정 유형의 현대적 치료가 개인에게 해롭다는 인상을 주기 위해 사용되었습니다.

"전환 치료"라는 꼬리표가 붙은 이러한 치료의 목표는 아이러니하게도 이름이 암시하는 것과는 거리가 멉니다. 그것은 SSA에서 사람을 전환시키려는 것이 아니라 정서적 안정에 관한 자기 결정 목표를 향해 그 사람과 함께 일하면서 상대를 존중하는 접근 방식을 취합니다. 성공 여부는 개인의 성적 지향이 바뀌느냐에 따라 결정되는 것이 아니라 주관적이며 개인의 선호도와 목표에 따라 결정됩니다.

'전환 치료'를 이해하고 이 주제를 둘러싼 열기로 인해 먼저 전환 치료가 무엇인지 살펴보고, 두 번째로 현재의 '전환 치료'가 무엇인지를 살펴보는 것이 필요합니다. 셋째, 대중 담론에서 "전환 치료"가 어떻게 사용되고 무엇을 달성하고자 하는지에 대한 정치적 차원도 이해해야 합니다.

"전환 치료 요법"(CT)이란 무엇입니까?

전환 치료 요법(CT)에 대한 권위 있는 정의는 없지만 미국 정신과 협회(APA)는 미국 대법원에서 사용한 설명을 제안했습니다. 2018년 APA설명은 "동성애 자체가 정신 장애라는 가정에 근거하거나, SSA[1]를 변경해야 한다"입니다.

SOCE(Sexual Orientation Change Efforts)도 CT로 분류되었으며, 일부는 스스로 게이로 커밍 아웃한 전직 의사에 의해 성적 지향을 바꾸는 비효과적인 치료 방법으로 축소되었습니다.

2012년, 원치 않는 SSA로부터 구제를 원하는 사람들을 위한 세계 최대의 치료 제공업체 중 하나인 Exodus International은 Exodus의 성적 지향 변경에 대한 거짓 약속과 그로 인해 발생한 수치심과 상처에 대해 이후 사과한 대표 이사에 의해 폐쇄되었습니다. 그들의 치료를 받는 사람인. 동시에 Exodus[2]와 같은 사역에서 건설적인 결과를 보고한 많은 치료사와 치료 받는 사람들이 있습니다.

전환 치료의 과거

"전환 치료"에 대해 논의할 때 과거에 일부 사람들이 동성애에서 이성애로의 전환을 돕기 위해 비과학적이고 심지어 해로운 방법을 사용했음을 인정하는 것이 중요합니다. 여기에는 다음이 포함됩니다.

폭력적인 엑소시즘

- 자위를 위해 이성의 포르노/누드 사진 제공
- 이성애를 강요하기 위해 이성과의 강제 성관계
- 혐오 기술
- 전기 충격 요법 (정신분열증 치료에 확립된 의료 관행이지만 거의 사용되지 않음 [3])
- 강력한 상담 기술
- 정신-정서적 억압 요구
- 강제 신체 변형 – 예: 다리를 꼬지 마십시오.
- 강인함을 위한 격렬한 신체 운동
- 수치심에 기반한 공개 고백
- 사회적 고립 및 침묵
- 부모 및 다른 사람에 대한 인위적 비난

"전환 치료"의 원하는 결과는 이름에서 알 수 있듯이 개인을 동성애에서 이성애로 전환하는 것입니다. 유해한 전환 치료의 예는 뉴저지에서 전환 치료를 금지한 계기가 된 획기적인 사례에서 볼 수 있습니다. 여기에서 네 사람은 동성애 욕망을 제거하기 위해 돈을 지불한 조직을 고소했습니다.

그들의 치료 방법 중에는 과도한 노출, 동성애 비방이 포함되었으며, 한 명은 어머니의 모형을 때리기까지 했습니다[4]. 정신이 건전한 사람이라면 누구나 이러한 방법을 비난해야 한다는 것을 이해할 수 있습니다. 우리 크리스천들도 이러한 방법을 정죄합니다.

때때로 '대화 요법'만 사용했지만(출애굽기의 경우처럼), 이성애로의 전환을 약속받고 결과가 나왔을 때 실망과 좌절을 초래할 수 있습니다. 이것은 원치 않는 SSA를 가진 사람들을 위한 치료 옵션과 관련하여 듣는 사람들을 겁주기 위해 가끔 사용되는 극단적인 사례입니다. 실제로 환자가 ECT를 받기 전에 광범위하게 평가되며 법률 및 엄격한 의료 행위 지침에 따라 본인 또는 친척이 동의한 경우에만 이를 수행할 수 있습니다.

구체화하지 마십시오. 어떤 사람들은 이러한 유사 치료적 노력을 분류할 수도 있는데, 이는 전환 치료로서의 잘못된 영적 지시와 더 비슷합니다.

"전환 치료"의 정치

오늘날 과학보다 정치가 전환 치료에 관한 담론을 지배하고 있습니다. "유해한 전환 치료" 및 "전환 치료 생존자"는 개인의 동성애 정체성을 이성애 정체성으로 바꾸려는 모든 형태의 치료를 불신하게 하려는 사람들이 악용하는 문구입니다.

그러나 이러한 편리한 비난은 원치 않는 SSA환자 또는 자신의 섹슈얼리티를 이해하려는 사람들을 위한 치료에 대한 대화를 차단하려는 시도일 뿐입니다. 이러한 낙인은 이해를 장려하는 대신 SSA환자를 위한 치료법에 대해 도움이 되지 않는 낙인을 찍습니다.

"전환 치료"라는 라벨을 붙이는 것은 위에서 언급한 것처럼 극단적이고 비효율적이며 타락한 관행의 이미지를 불러일으키기 때문입니다. 그렇게 함으로써 그러한 슬로건에 의지하는 사람들은 사실상 개인이 자신의 성에 관한 선택을 스스로 할 수 없도록 하는 것입니다.

치료에 대한 대화를 차단하는 것 외에도, "전환 치료" 낙인은 다양한 전문적, 윤리적, 도덕적 이유로 SSA개인에게 도움을 제공하려는 사람들에 대한 괴롭힘 전술로도 사용됩니다. 이들 개인 역시 자신의 견해 때문에 비난을 받고 SSA개인에게 제공되는 도움의 맥락을 종종 이해하지 못하는 게이 운동가와 그 지지자들로부터 부당하게 괴롭힘을 당합니다.

또한 성에 대한 전통적인 기독교 신념을 고수하고자 하는 SSA를 가진 사람들에게 점점 더 문제가 되고 있습니다. 그러한 사람들은 자신의 성적 취향이나 매력을 결혼과 성에 대한 전통적인 기독교적 이해와 조화시키기를 원합니다.

그들은 긍정적인 접근 방식에 동의하거나 원하지 않으며, 그들이 원하는 지원과 지역 교회/목사/공동체와 함께 문제를 해결할 공간을 선택할 수 있는 양도할 수 없는 권리를 부여받아야 합니다. 목회적 돌봄/상담을 "전환 치료"로 잘못 표시하는 포괄적인 금지는 이러한 개인에게 득보다 실이 더 많을 것입니다. 목회자와 개인은 성을 탐색하고 기독교 신앙과 조화시킬 수 있는 안전한 공간이 필요합니다.

SOCE는 LGBTQ 정체성과 삶의 선택을 받아들이지 않기로 선택한 SSA개인이 LGBTQ 철학적 입장의 두 가지 핵심 전제 – 변화 (성욕은 불변입니다) –를 훼손하기 때문에 동성애 커뮤니티에서 신경을 쓰고 정치적으로 책임이 있습니다. 따라서 LGBTQ 지지자들은 자신의 이야기를 믿지 않는 SSA개인/탈동성애자의 존재 자체가 그들의 결함 있는 근본적인 믿음에 대한 증거이기 때문에 변화하려는 모든 시도는 해로울 것이라고 말합니다(Q5 참조).

SOCE 및 기타 합법적인 치료법에 대한 광범위한 금지 요구에 의문을 제기한 연구도 있습니다[5]. 게다가 이 입장은 성적 지향과 성적 끌림이 유동적, 즉 불변하지 않는다는 것을 나타내는 LGBTQ 활동가들 자신도 동의하는 연구와 상충됩니다.

성적 매력과 지향 – 변화가 가능한가?

성적 끌림과 관련하여 특정 성적 끌림의 유동적이고 때로는 일시적인 특성에 대한 연구, 저술 및 증언이 매우 많습니다. SSA는 이 소책자에서 정의한 동성애자의 정의에 따르면 대답은 "확실히 그렇다"입니다.

개인은 자신의 삶의 선택과 욕망 추구에 책임이 있기 때문에 변화가 가능합니다. 더 이상 SSA와 함께 살지 않는 사람들의 증언도 있었고 활동가들조차 성적 매력의 유동성을 믿습니다. 유전적 결정론과 성적 취향의 불변성에 대한 증거가 없기 때문에 성적 매력(정도에 따라 드물지만 범주에 따라) 또는 성적 취향의 변화를 경험할 가능성이 매우 높습니다.

소년의 90% 이상이 사춘기 이후 SSA경험을 중단한 것으로 보고되어 청소년/십대 사이에서 일시적일 수 있습니다 [6]. 특히 여성들 사이의 성적 유동성은 이 주제에 대해 Lisa Diamond와 다른 학자들과 같은 연구자들에 의해 제기되었습니다. 그들은 섹슈얼리티가 특정 범주 내에서 불변이라고 주장하는 섹슈얼리티에 대한 전통적 관점과 급진적 관점 모두에 도전하면서 섹슈얼리티가 스펙트럼에 존재한다고 제안합니다.

다른 연구에 따르면 성인들 사이에서도 성적 지향의 변화는 성적 지향의 변화가 덜 일반적이지만 매력 정도의 변화와 관련하여 가능하다는 것을 보여줍니다 [7]. 어떤 사람들은 성적 실험이나 동성 누군가와의 특정 성적 만남 후에 SSA에 '각성'되어 항상 동성애자이거나 동성에게 끌린 것은 아님을 보여줍니다.

이 소책자에 요약된 '게이/동성애자'의 정의에 따라, 즉 SSA를 경험하고 그 SSA에 따라 행동하기로 선택한 사람은 개인이 자신의 삶의 선택과 욕망 추구에 책임을 지는 것이 가능합니다.

결혼전과 결혼외의 성관계를 삼가야 하는 도덕적 의무를 준수할 수 있고, 다른 사람들이 더 높은 목표를 추구하기 위해 독신일 때 순결을 유지하기로 선택하는 것처럼, SSA사람도 마찬가지로 선택할 수 있습니다(그리고 그래야 합니다). 도덕 규범에 따라 동성과의 성적 표현을 삼가는 선택을 할 수 있습니다.

요컨대, 동성애 행위를 삼가기로 선택하는 것은 매우 가능합니다. 점점 늘어나는 증거와 증언에서 흘러나오는 많은 탈동성애자들의 실제 경험을 무시할 수 없습니다. 증거는 동성에게 끌리는 것에서 이성애로의 전환이 매우 가능하다는 것을 분명히 보여주며, 따라서 한 사람의 동성에 대한 성적 지향이 불변이라고 주장하는 것은 정확하지 않습니다. 그러나 우리는 이것이 이성애가 크리스천의 목표가 되어야 한다는 말은 아님을 강조합니다.

실제로 이성애는 어떤 사람이 크리스천인지 아닌지를 판단하는 기준조차 되지 않습니다. 이성애는 추구해야 할 것이 아니며 SSA는 치료할 것이 아닙니다. SSA를 가진 개인은 자신의 개인적인 가치와 세계관에 따라 자신의 매력이 필요한지 원하지 않는지 결정할 수 있고 또 그래야 합니다.

원치 않는 SSA환자에게 제공되는 상담 솔루션

크리스천에게 자기 주도적 기도는 항상 선택 사항입니다. 기도는 본질적으로 강압적이지 않으며 특히 개인이 요청할 때 조작적이지 않습니다. 성경은 신자들에게 우리의 구할 것을 주 앞에 가져 오라고 권면하고(빌 4:6), 우리의 염려를 주께 맡기라 이는 그가 우리를 돌보심이라(벧전 5:7)라고 했습니다.

어떤 개인이 불안한 시기에 기도하는 것처럼 SSA사람은 온전함을 추구하면서 하나님께 기도할 자유가 있어야 합니다. 숨겨진 트라우마 또는 나쁜 과거 경험(있는 경우)의 심리적, 정서적 치유를 추구할 수 있습니다. 그들은 또한 성경적 세계관에 따라 절제하는 의롭고 거룩한 삶을 자유롭게 추구해야 합니다.

각 개인은 자신의 목표가 무엇인지, SSA경험과 마찬가지로 개인적인 경험으로 무엇을 하고 싶은지 결정할 기회가 주어져야 합니다. 전문 상담 및 치료는 내담자 자신에게 가장 좋고 원하는 것이 무엇인지 결정하는 내담자 존중 접근 방식을 통해 이를 수행하는 것을 목표로 합니다.

내담자를 존중하는 접근 방식을 취하는 것은 성적 지향의 변화를 약속하는 것이 아니라 내담자가 자신의 주관적인 성적 경험을 의미 있게 만들고 자신이 원하는 삶을 살 수 있도록 힘을 실어줄 수 있도록 특별히 내담자를 위해 매우 개인화된 대화를 시작하는 것을 의미합니다. 목표. 여기에는 시간이 지남에 따라 성적 매력과 매력의 유동성에 기여했을 수 있는 내담자 자신의 믿음과 과거 경험을 조사하는 것도 포함될 수 있습니다.

일부 전문 치료에는 다음이 포함됩니다.

- 상담자가 특정 문제에 초점을 맞추는 인지 상담은 내담자가 일부 핵심 신념을 테스트하고 도전하는 기술을 개발하도록 돕습니다. 이것은 일방적 사고를 식별하는 데 도움이 되고 내담자가 학습된 행동의 일부를 바꾸는 것을 두려워하지 않고 다른 방식으로 자신과 다른 사람과 관계를 시도하도록 격려합니다.
- 행동에 대한 상담은 수년간의 강화를 통해 훈련된 문제 행동(예: 고위험 행동)을 변경하는 데 도움이 됩니다.
- EMDR(Eye Movement Desensitization and Reprocessing) 요법은 고통스러운 기억을 처리하는 데 도움을 주며. 오래 지속되는 영향을 줄이고 보다 적응적인 대처 메커니즘을 개발할 수 있도록 합니다.
- 경계 내에서 건강한 관심. 긍정 및 애정이 경험되는 남성 그룹의 그룹 치료 비성적인 환경에서 마음의 문제를 정면으로 직면하고 남성은 종종 다른 남성과의 관계를 통해 깊은 자기 수용을 경험하게 됩니다.
- 정신 분석 상담: 잠재 의식 패턴과 신념의 영향을 점진적으로 의식으로 가져옴으로 도움을 받습니다.
- 위 내용들은 동성애 심리치료를 인정하는 솔루션으로 정통 성경적 상담에서는 인정되지 않습니다(역자 첨부).

이러한 치료적 상담접근이 개인에게 게이, 이성애자, 동성애자 등과 같은 꼬리표를 붙이지 않는 지지적 커뮤니티와 동반될 때, 그리고 개인을 사랑하는 것 외에는 어떤 의제 없이 지원될 때, 이러한 치료 방법에는 필요한 공간이 주어집니다. 적절하게 작동하도록 합니다.

상담기법, 상담 및 기도는 "전환 치료"를 구성하지 않습니다. SSA개인이 이용할 수 있는 최신 치료법은 강압적인 기술이나 혐오 전술을 사용하지 않습니다. 성적 취향을 바꿀 필요성을 강조하는 것이 아니라 내담자의 선호도와 목표에 따라 전문적으로 탐색하는 것입니다.

동성애를 긍정하지 않는 거의 모든 치료 방법을 "전환 치료"로 분류하는 경향이 있는 문화에서 우리는 전문 상담을 존중하는 도움이 되는 내담자를 성적 지향의 변화를 약속하거나 요구하는 전환 치료와 구별하기 위해 경계해야 합니다. 많은 경우 "전환 치료"에 대한 비난은 소외된 소수자를 도우려는 사람들, 즉 원치 않는 SSA를 가진 사람들이나 자신의 성욕과 삶의 경험을 이해하려는 사람들을 낙심 시키고 직접적인 학대를 일으키기 위한 고의적인 거짓입니다.

동성에게 끌릴 수 있지만 기독교 신앙과 일치하는 삶을 사는 것은 전환 치료가 아닙니다. 그리고 하나님과 동행하는 동성에 끌린 크리스천이 (부산물처럼) 그들의 욕망과 선호도의 변화를 경험한다는 사실은 전환 치료가 아닙니다. 어떤 주제에 대해 새로운 우선순위와 발견된 이유에 의해 자발적으로 생각을 바꾼다면 그 선택은 존중되어야 합니다. 관용은 양방향으로 작동합니다. 원하는/선호하는 이야기에 편리하게 맞을 때만 관용하는 것이 아닙니다.

개인은 자신의 생각, 경험, 최종 결론/결정을 내릴 때의 안전을 해결할 수 있는 공간이 필요합니다. "전환 치료" 낙인의 오용은 아이러니하게도 그들을 돕는 대신 자신의 성/SSA를 탐구하는 사람들로부터 안전한 공간과 선택권을 빼앗아갑니다. 따라서 우리는 이 용어를 느슨하고 근거 없이 사용하지 않도록 하여 안전한 공간을 보장해야 합니다.

사역을 위한 조언:

- 비긍정적 상담/치료의 목표와 이점을 참을성 있게 설명하십시오.

  ≫ LGBTQ 정체성을 재빨리 확인하는 상담원이 간과할 수 있는 해결되지 않은 문제를 탐색 할 수 있습니다. (문제가 개인의 경험에 기여했는지 여부와 관계없이)

- SSA. 이러한 문제에 대한 해결책을 찾으면 더 나은 삶의 질을 얻을 수 있다는 것은 부인 할 수 없습니다.
- 그러한 접근 방식이 LGBTQ 이야기와 정체성을 확인하지 않는다는 이유만으로 포괄적 금지를 적용하는 것은 결국 다음과 같습니다.

  ≫ 대안을 원하고 다른 문제에 대해 작업할 기회를 원하는 동성에게 매력을 느끼는 개인의 선택권을 박탈합니다.

  ≫ 신앙에 따라 신실하게 살 수 있도록 도움/지도에 대한 접근 권한을 박탈합니다.

- 선의의 프로그램이라도 제대로 제작되지 않은 프로그램이 있음을 기억하십시오. SSA를 가진 사람이 특정 절차를 통해 SSA를 '치료'해야 하며 확실히 치료될 것이라고 여전히 진심으로 믿는 크리스천이 있습니다.
- 이 답변의 앞 부분에서 언급한 잘못된 약속과 유해한 방법에 대해 사과할 준비를 하십시오.

- 기독교가 실제로 무엇에 관한 것인지 간략하게 설명하십시오. 인류를 원래의 건강한 상태로 회복하고 하나님과 화해하는 것입니다.

  ≫ 목표는 이성애자가 아닌 거룩해지는 것입니다. 이 기준은 그것이 무엇이든 간에 모든 섹슈얼리티에 적용됩니다.
  ≫ 모든 크리스천은 동일한 마음의 변화를 겪습니다 -> 성화되고 그리스도의 형상으로 더욱 변화됩니다
  ≫ 이러한 진정한 변화는 모방하거나 강요할 수 없습니다. 그것은 순전히 개인의 자유 의지와 그의 삶에서 하나님의 역사에서 나온 것입니다.

- 동성애 행위는 죄악이지만 사람을 변화시키도록 강요하는 것은 결코 우리의 역할이 아닙니다.
- 우리는 사람이 죄를 짓지 않도록 격려해야 하지만, 그 사람이 스스로 선택하도록 내버려두고 자신의 결정에 상관없이 그들을 사랑해야 합니다.
- 우리의 사랑은 무조건적이며 우리는 하나님께서 탕자를 다시 데려오실 수 있고 다시 데려오실 것임을 믿어야 합니다.

참조:

[1] APA Reiterates Strong Opposition to Conversion Therapy, 2018, https://www.psychiatry.org/newsroom/news-releases/apa-reiterates-strong-opposition-to-conversion-therapy, accessed 21 Aug 2020
[2] Fergusson v. Jonah, 2014, https://www.leagle.com/decision/inadvnjco160916000031#, accessed 21 Aug 2020
[3] Can sexual orientation change? Yes, according to a new study, 2018, https://mercatornet.com/can-sexual-orientation-change-yes-according-to-a-new-study/23495/, accessed 21 Aug 2020
[4] My genes made me do it!, 2018, https://www.mygenes.co.nz/summary.html
[5] Homosexuality and the Christian, 2010, https://g.co/kgs/6zfd98
See also:
[6]https://www.livingout.org/does-living-out-support-gay-cure-or-reparative-therapy
https://www.livingout.org/what-s-good-about-struggling-with-same-sex-attraction-
[7] Myths of Singleness, 2019, Sam Allberry

질문 9
애널 섹스는 신체에 해를 줍니까?

신속한 답변:

항문 삽입은 분명히 신체에 해를 끼칠 수 있는 고위험 성행위입니다. 인간의 직장은 배설을 위한 것이지 받아들이는 것이 아닙니다. 애널 섹스는 이성애자 사이에서도 HIV 및 기타 종류의 성병 또는 감염에 대한 위험 또는 전염 효율이 높습니다. 또한 항문암 발병 확률을 크게 높입니다.

여러 파트너와 일상적인 성적 활동을 하면 개인이 성병에 걸릴 위험이 있습니다. 결혼 전과 결혼 외의 모든 성행위를 삼가하고 항문 성교를 피하는 것이 현명합니다.

남성 동성애 성행위에는 구강 및 항문 성교와 같은 다양한 유형의 성행위가 포함될 수 있습니다. 특히 항문 섹스는 사회에서 많은 논쟁과 조사를 받아왔습니다. 이 섹션에서는 동성애 관계의 맥락에서 이 두 가지 성행위를 자세히 살펴보겠습니다.

애널 섹스 – 고위험 성행위

항문 섹스를 설명하는 데 사용되는 일반적인 용어인 '고위험 성행위'를 들어 보셨을 것입니다. 이 위험은 무엇이며 '고위험'으로 분류되기 위해 위험을 비교하는 기준은 무엇입니까?

항문 섹스와 질 섹스를 비교하면 성병(STD)의 위험이 훨씬 더 높습니다. 연구에 따르면 애널 섹스, 특히 애널 섹스 중 수용적인 파트너(삽입)가 되는 애널 섹스는 인체 면역결핍 바이러스(HIV)에 걸릴 위험이 가장 높은 성행위 입니다[1].

항문 성교의 훨씬 더 큰 전염 효율은 이성애자들 사이에서도 마찬가지입니다 [2]. 이것은 아마도 대변 (박테리아로 가득한)을 담는 직장의 디자인 때문일 수 있으며, 내벽이 더 얇고 질과 달리 천연 윤활제가 없어 항문 농양 또는 다른 종류의 성병과 같은 감염을 증가시킬 수 있습니다[3]. 성병의 위험 외에도 무방비 항문 성교를 하는 개인은 항문직장 감염과 같은 다른 건강 문제의 위험이 가장 큽니다[4]. 다른 연구에서도 항문 성교를 통해 정액에 반복적으로 노출되면 정액을 받는 사람의 면역 체계가 변경/약해질 수 있다고 제안했습니다[5][6].

콘돔 사용도 성관계를 가진 남성을 보호하는 데 그다지 효과적이지 않습니다. 항문/구강암을 일으킬 수 있는 인간 유두종 바이러스(HPV)를 획득하는 남성(MSM)과 함께 일반 사람에게서 항문암은 매우 드물지만 MSM에 걸릴 위험은 일반 사람의 20-40배(HIV가 없는 경우 20배, HIV가 있는 경우 40배)입니다[7].

일부 다른 연구에서는 위험도를 추정하기도 합니다. HIV 양성 환자에서 30-100배 더 높습니다[8]. 자궁경부와 항문강은 HPV 성장에 도움이 되는 구성이 유사하기 때문에 위험이 높습니다 (그들은 HPV의 표적 챔버임). 여성의 몸은 몇 년 안에 바이러스를 제거할 수 있는 것처럼 보이지만 항문에는 그렇게 할 수 있는 메커니즘이 없습니다.

성병의 부활

HIV 감염은 1980년대에 노출 전 예방법(PrEP)이 도입된 이후 정점에서 감소했지만, 이제는 다음과 같은 의학 선진국에서도 성병에 대한 태도가 완화되면서 매독이나 임질과 같은 다른 형태의 성병이 증가하고 있습니다[9][10].

사회/국가가 LGBTQ와 게이 섹스를 매우 긍정적으로 여기는 유럽에서는 남성간의 성관계로 인한 모든 HIV 진단의 비율이 2007년 35%에서 2016년 40%로 증가했습니다[11] . 그 원인에는 불충분한 예방적 테스트, 불충분한 콘돔 사용 및 치료가 있습니다. 이해가 실제로 직면한 문제를 줄이는 데 도움이 될 수 있지만 위험을 줄이는 가장 좋은 방법은 여전히 성행위를 삼가거나 일부일처제에 충실하는 것입니다.

PrEP는 HIV 확산을 줄이는 데 효과적인 것으로 홍보되었지만 PrEP를 살 수 있고 지속적으로 복용할 수 있는 수단이 있는 사람들만이 HIV 바이러스 부하를 낮게 유지하고 확산 가능성을 효과적으로 줄일 수 있습니다[12]. PrEP 비용은 현재 한 달에 약 SGD400이며 필요한 기간은 사람마다 다릅니다 [13]. 노출 후 예방(PEP)은 HIV 노출이 의심되는 사람들에게도 제공되지만 상담 및 약물 치료 비용은 SGD500에서 SGD2000에 이를 수 있습니다[14][15].

항문암으로부터 MSM을 보호하기 위해 일부는 MSM이 HPV 백신을 접종할 것을 제안했는데 이는 비용이 많이 듭니다. 필요한 3회 주사에 약 $360-$500가 소요됩니다[17].

독신의 순결의 지혜, 결혼의 충실

성행위는 즐겁고 부부 사이의 결속력을 강화하지만, 비크리스천이라도 일부일처제 관계의 범위 내에서 그것을 유지하는 것이 현명합니다. 일부일처제 관계 내에서도 세균 감염 및 기타 문제의 위험이 있으므로 항문 성교를 삼가는 것이 현명합니다(성에 관계없이).

크리스천들에게는 '거룩한 성'에 대한 성경적 입장이 큰 지혜로 나옵니다. 혼전 및 혼외 성관계의 회피와 결혼한 부부 간의 자녀 출산을 위한 성관계(즉, 질 성교)는 여전히 성행위를 통해 신체에 해를 끼치는 것을 피하는 가장 안전한 방법입니다. 하나님은 우리를 너무 사랑하셔서 우리가 충동적이고 위험한 행동을 통해 스스로를 파괴하도록 놔두지 않으십니다. 하나님의 부르심에 귀를 기울이고 우리의 성적 행동과 성적 취향에 있어서도 그분께로 향합시다.

사역을 위한 조언:

• 행동이 도덕적으로 옳고 그른지 여부가 아니라 개인의 복지에 초점을 맞춥니다.

  ≫ 누군가가 당신에게 성병이나 HIV에 걸렸다는 사실을 털어놓는다면 그 사람을 가르치거나 '훈육'하는 것이 아니라 그 사람을 돕는 데 초점을 맞추십시오.
  ≫ HIV 감염은 남성과 성관계를 가진 남성 사이에서 더 높지만 문란한 성행위 및 성매매자와의 성관계와 같은 다른 위험한 성행위도 사람들을 위험에 빠뜨립니다.
  ≫ 항문 성교가 전염 효율이 훨씬 높다거나 게이 커뮤니티 내에서 전염율이 훨씬 높다는 사실 이 '게이' 바이러스임을 암시하지는 않습니다.
  ≫ 해당 사안에 대한 현실과 현 상황을 알려주는 것일 뿐입니다.

참조:

[1] Anal Sex and HIV Risk, https://www.cdc.gov/hiv/risk/analsex.html, accessed 2 Aug 2020
[2] Heterosexual Anal Intercourse among Community and Clinical Settings in Cape Town, South Africa, 2009, https://www.ncbi.nlm.nih.gov/pmc/articles/PMC3017216/, accessed 2 Aug 2020
[3]What are the risks of Anal Sex?, https://www.medicalnewstoday.com/articles/324637#bacterial-infection, accessed 2 Aug 2020
[4] Anal Intercourse, 2019, https://www.sciencedirect.com/topics/biochemistry-genetics-and-molecular-biology/anal-intercourse, accessed 21 Aug 2020

[5] Prostaglandin E2 administered via anus causes immunosuppression in male but not female rats: A possible pathogenesis of acquired immune deficiency syndrome in homosexual males, 1986, https://www.ncbi.nlm.nih.gov/pmc/articles/PMC323363/pdf/pnas00312-0408.pdf, accessed 22 Aug 2020

[6] The rectal mucosa and condomless receptive anal intercourse in HIV-negative MSM: implications for HIV transmission and prevention, 2017, https://www.nature.com/articles/mi201697, accessed 22 Aug 2020

[7] Anal cancer, HIV, and gay/bisexual men, 2009, https://cancer-network.org/wp-content/uploads/2017/02/Anal_cancer_HIV_and_gay_men.pdf, accessed 21 Aug 2020

[8] Anal intraepithelial neoplasia: diagnosis, screening, and treatment, 2019, https://www.ncbi.nlm.nih.gov/pmc/articles/PMC6479653/, accessed 13 Aug 2020

[9] How Syphilis Sneaked Up on Americans, 2019 https://www.theatlantic.com/health/archive/2019/10/stds-surge-to-a-record-high-heres-why/599641/, accessed 2 Aug 2020

[10] Sweden sees dramatic rise in syphilis cases, https://www.thelocal.se/20160525/dramatic-rise-in-swedish-syphilis-cases, accessed 2 Aug 2020

[11] HIV/AIDS surveillance in Europe 2017 - 2016 data, 2017, https://www.ecdc.europa.eu/en/publications-data/hivaids-surveillance-europe-2017-2016-data

[12] Pre-Exposure Prophylaxis (PrEP), https://www.cdc.gov/hiv/risk/prep/index.html, accessed 2 Aug 2020

[13] New drug to prevent HIV infections available here, https://afa.org.sg/portfolio-item/new-drug-to-prevent-hiv-infections-available-here/, accessed 2 Aug 2020

[14] HIV Post Exposure Prophylaxis (HIV PEP) For Suspected HIV Exposure, https://www.dtapclinic.com/hiv/hiv-pep/, accessed 2 Aug 2020

[15] Pep SOS, https://www.gayhealth.sg/pinkcarpet/survivalkit/pep-sos/, accessed 2 Aug 2020

질문 10
여성 동성애는 어떻습니까?

신속한 답변:

여성 동성애 성행위는 남성보다 덜 위험할 수 있지만 여전히 성병 확산 경로입니다. 성적 실험이나 추구에 대한 '긍정과 축하'를 위해 토론을 피하거나 명백한 성적 건강 위험을 만드는 것은 개인을 사랑하는 것이 아닙니다.

다시 말하지만, 성에 대한 성경적 지혜는 독신 생활의 순결, 결혼 생활의 신실함(일부일처제)과 같은 개인 건강을 위한 최선의 길입니다.

성경은 여성 동성애에 대해 많이 언급하지 않지만 '부자연스러운 관계'(롬 1:26)의 일부이므로 허용되는 성적 행위가 아닙니다.

다른 곳에서 다루었듯이(Q9 참조) 동성애 활동(특히 항문 섹스)이 건강에 미치는 영향은 아마도 항문 섹스를 권장하지 않고 자칭 남성 동성애자가 자신의 삶의 선택을 신중하게 고려하도록 권장하는 가장 강력한 세속적 이유 중 하나일 것입니다. 그러나 물리적 현실에 의해 음경-항문 성교를 수행할 수 없는 레즈비언은 어떻습니까?

여성 동성애 성행위로 인한 건강 위험

여성 동성애 활동이 더욱 허용되고, 여성 동성애가 건강 결과에 근거하여 '더 수용 가능'하다는 인상이 있습니다. 그러나 위험이 낮다고 위험이 없는 것은 아닙니다. 독신 생활의 순결과 결혼 생활의 충실함은 여전히 성병 및 기타 성 건강 문제로부터 자신을 보호하는 가장 좋은 방법입니다.

두 여성 사이에 HIV가 전파되는 경우는 드물지만 강제적이고 부주의하며 비위생적인 섹스 토이 사용과 관련된 사례가 존재합니다[1]. 레즈비언이 HPV에 취약하지 않다는 통념이 있었지만 이는 사실이 아닌 것으로 밝혀졌으며 2016년 미국 연구(n=7132)에 따르면 HPV 감염 결과는 비이성애자 여성(예: 양성애자 또는 성적으로 퀴어) 및 이성애 여성보다 레즈비언이 높습니다[2]. HPV는 피부 접촉을 통해 전염되므로 구강 성교나 도구 침투/접촉과 같은 레즈비언 성 행위도 전염 경로가 됩니다 [3]. 이러한 성행위는 다른 성병을 퍼뜨릴 수도 있습니다[4].

남성 항문 섹스와 여성 동성애 성적 행위를 비교하면 건강 위험이 더 낮아 보일 수 있으며 일부에서는 '건강 위험'을 동성 성적 행위를 금지하는 이유로 사용하는 것이 게이에 대한 편견으로 보인다고 주장했습니다.

그러나 건강 위험이 방정식의 일부가 아니라고 주장 하는 것은 첫째, 사람들이 무의식적으로 개입할 수 있는 즉각적인 건강 문제와 위험을 무시하고 둘째, 매우 실제적인 문제와 위험에 대해 논의하지 않도록 편리한 경찰 역할을 하는 것입니다. 성적으로 활동적인 LGBTQ 개인 간의 행동과 여러 요인이 알코올 중독 및 약물 사용과 같은 비성적인 위험한 행동에 기여하므로 이러한 파괴적인 행동을 해결하는 데 도움이 되는 상담이 필요할 수 있습니다.

기타 우려 사항

레즈비언이 더 높은 위험에 처한 다른 건강 문제와 일부 사람들이 보여주는 특정 위험한 행동이 여전히 남아 있습니다. 레즈비언은 비만, 흡연, 알코올 및 약물 남용의 비율이 더 높은 것으로 보고되었습니다 [5]. 이러한 요인은 자연 임신의 불가능성과 함께 암의 위험 요인으로 생각됩니다(대부분의 자궁경부암 및 일부 구강암을 유발하는 HPV와 함께) [6][7]. 확실히 하기 위해서는 더 많은 연구가 필요합니다[8].

레즈비언과 이성애 여성 사이에 만성 질환의 위험을 증가시키거나 감소시킬 수 있다고 알려진 생물학적 차이가 없기 때문에 행동이 만성 질환 발생률이 높아지는 주요 원인일 가능성이 높습니다[9].

차별로 인한 스트레스는 위의 신체 및 행동 문제에 대한 전형적인 원인입니다. 연관성이나 상관관계로서 이러한 문제는 레즈비언 고유의 특징이 아니며, 인과관계의 방향을 설정하기는 어렵지만 위험한 운전을 할 때 해결해야 할 특정 심리적 문제를 드러낸다는 점에 유의하는 것이 중요합니다. 행동, 불안과 우울증은 레즈비언[5] (동성애자 사이에서도)에서도 더 높습니다. 레즈비언 결혼 내 이혼율도 게이보다 지속적으로 높습니다[10].

그 이유는 이성간의 결혼에서도 여성이 이혼을 주도하는 경향이 있고 레즈비언 관계가 '더 불안정하고 역동적'인 경향이 있기 때문입니다. 일화로, 레즈비언들은 제대로 된 숙고 없이 빨리 연애에서 결혼으로 나아가는 데 지나치게 열심입니다. 높은 이혼율은 또한 결혼이나 인간 관계, 특히 친밀한 관계를 망칠 수 있는 해결되지 않은 근본적인 다른 대인 관계 문제를 나타낼 수 있습니다.

경멸보다는 연민의 눈으로 정보를 보는 것이 중요합니다.

레즈비언과 게이의 이혼율(동성 결혼이 합법화된 짧은 기간 동안)이 지금까지 이성애의 이혼율보다 낮았다는 점도 염두에 둘 필요가 있습니다. 그러나 정기적으로 교회에 출석하는 크리스천이 독실하지 않은 크리스천보다 결혼할 가능성이 더 높고 이혼율이 더 낮다는 점은 흥미롭습니다[11, 12, 13, 14, 15].

이는 그러한 크리스천들이 결혼에 대해 가지고 있는 높은 견해와 결혼이 개인적인 성취나 만족을 위한 것이 아니라 훨씬 더 큰 의미를 가지고 있으며 결혼한 사람들은 평생 헌신, 아가페, 희생적인 사랑을 하고 있다는 사고방식 때문일 수 있습니다(Q17 참조).

그러나(근거가 없거나 보증되지 않은 경우) '전환 치료'와 같은 보호 조치를 제공하거나 LGBTQ를 계속 유지하기 위해 위험한 성적 및 비성적 행동을 하게 두는 것은 엄밀한 진실과 해결되지 않은 근본적인 문제에 대한 상담의 가능성을 낮추는 해를 끼치는 것입니다.

또한 개인의(Q8 참조) 고위험 행동, 자살, 신체 이미지 문제 등과 같은 '성적 해방'과 긍정적인 사회로 전환된 사회(Q9 참조)에도 불구하고 여전히 남아 있는 우려와 문제는 심각하게 고려해야 할 사항입니다. 구제책은 맹목적인 확언 또는 모든 섹슈얼리티의 축하가 아니라는 것을 우리에게 알려줍니다[16].

유동성, 성적 지향의 가변성

의식적으로 앞장서지 않는 여성 성욕의 한 측면은 여성의 유동적인 성욕입니다[17]. Lisa Diamond(자신이 레즈비언)와 같은 세속 연구자들은 여성이 특히 '양성애자'에서 '이성애자' 또는 '동성애자' 사이에서 성적 정체성의 변화를 경험하는 경향이 더 높다고 언급했습니다[18]. 더 최근의 연구는 또한 시간이 지남에 따라 성적 정체성의 변화를 보여주는 이전 연구와 일치합니다[19].

이것은 동성애를 둘러싼 대화에 또 다른 뉘앙스를 더합니다. 즉, 성적 유동성이 특히 여성에게 만연하면(남성보다 더 많이) 레즈비언으로서의 이해나 자기 개념이 생각만큼 확실하지 않을 수 있습니다. 어떤 사람들은 그것이 여전히 생물학적 이유 때문이라고 주장할 수 있지만, 심리 사회적 원인으로 대화를 확장해야 합니다. 그로써 또한 '이렇게 태어났다'와 '변화는 불가능하다'는 서사를 의심하게 만들어야 합니다. 성적 지향과 정체성은 생각보다 훨씬 덜 불변하기 때문입니다. 이를 감안할 때 어떤 형태로든 동성에게 매력을 느낀 적이 있는 여성이 이전에 상상했던 것보다 훨씬 더 많을 가능성이 있습니다.

그들은 조용히 혼란 속에 살고 있거나 그것에 대해 밝힐 경우 수치를 당할 것을 두려워할 수 있습니다. 교회는 열려 있어야 하고 그들을 섬기기에 안전한 장소여야 합니다.

성경과 레즈비언 관계/성적 활동

성경의 나머지 부분과 마찬가지로 동성애 관계나 어떤 형태의 성행위도 금지됩니다. 이는 여자들 사이에 관계에서도 마찬가지입니다.

[로마서 1:26] "이로 말미암아 하나님이 저희를 부끄러운 정욕에 내어 버려 두셨으니 저희 여자들도 순리대로 쓸 것을 바꾸어 역리로 쓰며 (Q13)

동성애는 인간의 새로운 행동이 아니며 성경에 따르면 동성애적 욕망도 허용되지 않습니다(Q11 참조). 다음 섹션에서 우리는 성경이 우리의 성에 대해 말하는 것과 최근에 사람들이 어떻게 기독 교계에서 동성애를 긍정하도록 가르치기 위해 성경을 재해석하려고 노력했는지에 대해 더 탐구할 것입니다(Q12-16)

사역을 위한 조언;

- 행동이 도덕적으로 옳고 그른지가 아니라 개인의 복지에 초점을 맞춥니다.
  - ≫ 누군가가 당신에게 성병이나 HIV에 걸렸다는 사실을 털어놓는다면 그 사람을 가르치거나 '훈육'하는 것이 아니라 그 사람을 돕는 데 초점을 맞추십시오.

- 사람들이 어려움을 공유하거나 탐색할 수 있는 안전한 공간을 확보하십시오. 그런 의미에서 기독교는 중요합니다.
  - ≫ 교회는 섹슈얼리티에 대한 명확한 정책과 입장을 가지고 있어야 하며, 어려움을 겪고 있는 사람들이 판단을 받는 것을 두려워하지 않는 안전한 공간과 채널을 확장해야 합니다.
  - ≫ 고정된 것이 아니라 먼저 사람들의 의견을 들어야 합니다.
  - ≫ 그 사람을 존중하고, 그들이 있는 곳에서 그들 자신의 목표를 위해 그들과 함께 일하고, 그들이 그리스도 안에서 더 깊이 성장하도록 돕습니다.

- 거룩함을 목표로 함으로서 건강증진/성병의 위험이 적은 효과가 있으므로 이를 도모하는 것이 좋습니다.
  - ≫ 사람을 위한 최선의 이익을 염두에 두고 이 각도에서 주제에 접근하십시오.

참조:

[1] Female-to-female sexual transmission of HIV, 2019 https://www.aidsmap.com/about-hiv/female-female-sexual-transmission-hiv, accessed 18 Aug 2020

[2] HPV infection among a population-based sample of sexual minority women from USA, 2014, https://www.ncbi.nlm.nih.gov/pmc/articles/PMC5664198/, accessed 18 Aug 2020

[3] HPV, cervical cancer risks, and barriers to care for, 2015, https://nursing.ceconnection.com/ovidfiles/00006205-201501000-00005.pdf, accessed 18 Aug 2020

[4] STD Risk and Oral Sex - CDC Fact Sheet, 2020, https://www.cdc.gov/std/healthcomm/stdfact-stdriskandoralsex.htm, accessed 13 Aug 2020

[5] Top 10 Things Lesbians Should discuss with Their Healthcare Provider, 2012, http://www.glma.org/index.cfm?fuseaction=Page.viewPage&pageID=691, accessed 18 Aug 2020

[6] Lesbians and Breast Cancer Risk, 2020, https://cancer-network.org/cancer-information/lesbians-and-cancer/lesbians-and-breast-cancer-risk/, accessed 18 Aug 2020

[7] HPV, Oral Cancer, and the LGBT Community, https://cancer-network.org/wp-content/uploads/2017/02/hpv_and_oral_cancer.pdf, accessed 21 Aug 2020

[8] Breast cancer in lesbians and bisexual women: systematic review of incidence, prevalence and risk studies, https://www.ncbi.nlm.nih.gov/pmc/articles/PMC3890640/,

[9] Behavioral Risk Factors for Disease and Preventive Health Practices Among Lesbians, 2001,https://www.ncbi.nlm.nih.gov/pmc/articles/PMC1446477/pdf/11392943.pdf,

[10] Why lesbian couples are more likely to divorce than gay ones, 2020, https://www.economist.com/britain/2020/01/09/why-lesbian-couples-are-more-likely-to-divorce-than-gay-ones, accessed 18 Aug 2020

[11] Regular Church Attenders Marry More and Divorce Less Than Their Less Devout Peers, 2020, https://ifstudies.org/blog/regular-church-attenders-marry-more-and-divorce-less-than-their-less-devout-peers#, accessed 18 Aug 2020

[12] Divorce Rate in the Church - As High As the World?, 2011 https://www.focusonthefamily.com/marriage/divorce-rate-in-the-church-as-high-as-the-world/, accessed 18 Aug 2020

[13] Religious service attendance, divorce, and remarriage among U.S. nurses in mid and late life, 2018, https://www.ncbi.nlm.nih.gov/pmc/articles/PMC6277070/, accessed 18 Aug

[14] Is the divorce rate among Christians truly the same as among non-Christians?, 2020 https://www.gotquestions.org/Christian-divorce-rate.html, accessed 18 Aug 2020

[15] FactChecker: Divorce Rate Among Christians, 2012, https://www.thegospelcoalition.org/article/factchecker-divorce-rate-among-christians/, accessed 18 Aug 2020

[16] Negative Health Consequences of Same-Sex Sexual Behavior, https://cmda.org/article/negative-health-consequences-of-same-sex-sexual-behavior/, accessed 17 Aug

[17] Is Female Sexuality Flexible?, https://www.psychologytoday.com/us/blog/open-gently/201609/is-female-sexuality-flexible, accessed 18 Aug 2020

[18] Sexual Fluidity in Male and Females, 2016, https://psych.utah.edu/_resources/documents/people/diamond/Sexual%20Fluidity%20in%20Males%20and%20Females.pdf,

[19] Sexuality continues to change and develop well into adulthood, finds study, 2019,

Homosexuality
FAQs

크리스천의 위치
사역

질문 11
동성애에 대한 기독교의 입장은 무엇입니까?
왜 동성애에만 집착합니까?

신속한 답변:

크리스천들은 우리의 삶과 세상을 이해하는 렌즈인 성경적 세계관을 가지고 있어야 합니다. 성경은 동성애가 인간의 눈에는 바람직할 수 있지만 궁극적으로 그것에 관여하는 사람과 그 주변 사람들에게만 해를 끼칠 수 있는 많은 죄 중 하나라고 분명히 밝히고 있습니다. 모든 크리스천의 목표는 이성애가 아니라 거룩함입니다.

기독교의 객관적 도덕성

기독교 세계관에서 우리는 성경이 우리(인류)의 기원과 목적에 대해 말하는 것을 믿습니다. 하나님의 형상대로 만들어졌고(창세기 1:27), 그의 형상을 본받게 되었습니다(로마서 8:29). 하나님은 만물의 창조주이시기 때문에 만물이 어떻게 되어야 하는지는 그분만이 아십니다. 생명을 주시는 하나님의 기준과 원칙은 주관적이지 않습니다. 그분이 누구신지 우리는 이것을 압니다.

A. 전지전능한 창조주 – 만물은 그분에 의해 창조되었습니다.
B. 사랑 – 그분은 사랑이시기 때문에 우리를 거룩하게 구별하기 위해 법을 주셨고 법은 우리를 보호합니다. 다만 위반이 있으면 결과와 심판(정의)이 있습니다.
C. 일관성/불변 – 표준은 결코 흔들리거나 변하지 않습니다. 그것은 사람들의 의견이나 신념과는 독립적으로 존재합니다. 다만 그의 표준은 좋은 것입니다..

일관된 초점 – 거룩함과 회개

인간이 타락한 이후로 우리 모두는 하나님과 상충되는 죄의 본성을 가지고 있습니다. 우리 모두는 죄를 지었을 뿐만 아니라 죄의 속박에서 구원을 찾을 수 없으며 구세주가 필요합니다. 율법은 하나님이 실제로 얼마나 거룩하시고 우리 모두가 하나님의 영광에 이르지 못하고 있음을 우리 모두에게 보여주는 목적을 가지고 있습니다. 의를 얻으려는 우리의 모든 노력은 헛되고 우리 중 누구도 죄의 형벌을 견딜 수 없습니다.

하나님과의 분리

세상은 구세주가 절실히 필요하며, 이러한 이유로 하나님 자신이 우리를 구원하기 위해 오셨기 때문에 복음은 참으로 우리에게 좋은 소식입니다.

기독교는 모든 사람에게 예수를 따르라고 손짓하지만, 우리 모두는 부름에 주의를 기울이거나 무시할 수 있습니다. '우리의 십자가를 지고 그분을 따르는 것'은 훌륭한 크리스천의 표본입니다.

우리는 성경을 통해 예수님과 우리 자신에 대해 더 많이 배웁니다. 우리의 죄 많은 생각과 투쟁, 그리고 우리의 모든 삶을 예수님께 더 많이 내어드리는 법을 배웁니다. 또한 기독교는 모든 사람에게 회개, 거룩함, 하나님과의 화해, 거듭남, 그리스도의 형상으로 변화하라는 부르심을 확장합니다.

성경 속의 동성애

동성애는 새로운 것이 아닙니다. 성경 전체에서 우리는 동성애에 대한 여러 기록과 구약과 신약 모두에서 하나님께서 동성애를 분명히 금지하신 것을 볼 수 있습니다. 동성애 행위는 성적인 죄의 한 유형으로 분명히 명시되어 있습니다(레 18:22, 20:13, 고전 6:9-11). 간략하게, 우리는 이 섹션에서 동성애가 금지된다는 것의 분명한 이유를 다룰 것입니다. 동성애 관련 성경에 대한 더 깊은 연구는 그후에 언급할 것입니다(Q12-16 참조).

간단히 요약하면:

1. 동성애는 하나님의 원래 계획에 어긋납니다.
   - 성별은 남성과 여성의 두 가지뿐입니다(창세기 1:27, 마 19:4-6).
   ≫ 보완적인 목적(창세기 2:18): 남자와 여자 사이에는 차이가 있습니다. 둘 다 우월하지는 않지만 둘의 보완적인 힘을 존중해야 합니다.
   ≫ 기능적 목적(창세기 1:28): 하나님은 남자와 여자를 창조하셨습니다. 출산이 가능합니다. 다른 일탈은 인간의 타락으로 인한 것입니다 - 이는 인간 게놈에도 영향을 미칩니다.
   - 성적 일탈 행위는 죄인 동시에 죄의 결과입니다(로마서 1:21-32).
2. 동성애는 하나님의 원래 계획에 어긋납니다.

- 성경은 섹슈얼리티에 대해 매우 명확한 입장을 가지고 있습니다. 그것은 모두 거룩함에 관한 것입니다.

  >> 하나님의 계명으로(베드로전서 1:15-16) - 거룩하라.
  >> 헬라어 "하기오스"(베드로후서 3:11) - 하나님에 의해(또는 위해) 구별됩니다.
  >> 헬라어 "하기아스모스"(데살로니가전서 4:7) - 헌신과 성화. 주님에 의해 그분의 형상으로 점진적으로 변화됩니다.
  >> 기독교 표준 (에베소서 4:17-24): 이전 행위를 벗어버리고 새 사람을 입으십시오 - 하나님과 같이 참된 의와 거룩함으로 지으심을 받은 자가 되십시오.

3. 거룩함으로의 부르심은 차별이 아니라 모든 사람을 위한 것입니다.
- 변화와 거룩함의 희망이 있습니다.

  >> 고린도전서 6:9-11 - '너희 중에도 이런 자들이 있었으니...'
  >> 이것은 일부 사람들이 동성애자로 살아온 것으로 알려졌음을 알려줍니다.
  >> 크리스천으로서 우리는 예수의 이름과 거룩함을 위한 하나님의 영으로 의롭게 됨을 확신 할 수 있습니다.
  >> 또한 성적 부도덕과 같은 제멋대로인 생활 방식을 그만둘 것을 촉구합니다.

왜 일부 크리스천들은 동성애가 괜찮다고 주장합니까?

기독교에서 우리는 성경이 무오하며 영감을 받은 하나님의 말씀이라고 믿습니다. 우리는 그것이 무엇인지에 대해 성경을 읽어야 합니다. 동성애에 관해서는 비플라토닉 동성 관계를 확증하기 위해 성경을 재해석하려는 시도가 점점 더 많아지고 있습니다. 이것은 또한 성경의 수정주의 읽기로 알려져 있습니다.

우선순위	전통적 관점	수정주의적 관점
1 순위	성경	경험
2 순위	이성/과학	이성/과학
3 순위	경험	성경

그들이 하나님의 말씀을 그들의 마음 가까이에 붙들고 있다는 수정론자들의 주장을 듣는 것은 드문 일이 아닙니다. 그러나 그들의 접근 방식은 이와 모순됩니다. 우리는 성경 연구의 우선 순위와 목적을 검토할 때 수정주의적 견해를 쉽게 식별할 수 있습니다.

전통적 견해는 성경을 우리의 경험을 설명하고 이해하는데 있어 무오류 및 기초로 삼고 보조 도구로써 추가적으로 이성과 과학적 연구를 활용합니다. 성경을 공부하는 목적은 하나님이 그리스도를 닮아가도록 우리 안에서 역사하시는 방법을 알기 위해 하나님을 더 잘 이해하는 데 있습니다.

반면 수정론자의 관점에서는 순서가 뒤바뀌었습니다. 경험은 연구의 시작이며 종종 성경만으로는 불충분하거나 심지어 현대적 맥락과 관련이 없거나 정확하지 않기 때문에 오류가 있다는 결론으로 끝납니다. 성경을 공부하는 목적은 종종 특정 경험을 정당화하거나 그리스도를 우리의 형상에 맞추려는 시도입니다.

수정론자들이 SSA또는 동성애(Q12-16)를 긍정하기 위해 의존하는 성경에 대해 알아보기 전에, 먼저 크리스천들이 동성애에 "집착"하는 것처럼 보이는 이유를 살펴보도록 하겠습니다.

문제의 공공성

앞에서 간략히 설명했듯이, 이 주제에 대한 기독교의 입장은 변하지 않았고, 변하지 않을 것입니다. 그러므로 그에 대한 자연스러운 후속 조치들이 동성애자들의 눈에 크리스천들이 다른 많은 죄와 문제들이 아닌 이 문제에 대해서만 가차없이 떠드는 것처럼 보이는 이유일 것입니다. 그러나 크리스천들이 동성애 문제에만 초점을 맞추고 사회에 도움이 되는 다른 대의를 옹호하지 않는다는 것은 일반적인 오해입니다. 사실 크리스천들은 간음, 음란물, 학대, 낙태, 약물 남용 등과 같은 다른 많은 문제들에 대해서도 강력하게 반대해 왔습니다.

동성애라는 주제에 초점을 맞추는 것처럼 보이는 것은 그 주제가 얼마나 뜨겁게 논의되었는지를 반영하는 것일 뿐입니다. 관련된 시민 또는 커뮤니티 구성원들은 누구라도 (종교적 견해에 관계없이) 특히 싱가포르와 같은 다원주의 사회에서는 도덕성, 문화, 가치관 및 일상적인 관계를 형성할 대화에 참여할 기회를 가져야 합니다.

이 주제에 대해 크리스천들은 점점 더 그들의 지위 때문에 박해를 받고 있으며 '전환 치료'와 '동성애 혐오증'(Q8 참조)과 같은 편리한 변명으로 대중적 입장에서는 부당하게 입을 다물도록 강요받고 있습니다.

반면 LGBTQ는 도덕, 가족 및 공교육을 재구성하려고 시도합니다. 전 세계적으로 LGBTQ 활동가들은 지속적으로 한계를 뛰어넘고 있으며 일부 국가에서는 사람들의 신앙에 대한 차별이 증가하고 크리스천들이 성에 대한 관점/입장을 바꾸도록 적극적으로 요구하고 있습니다[10] [11].

크리스천들은 이 주제에 대해 보수적이고 긴장된 태도를 보인다는 비난을 받아

왔습니다. 그러나 이것은 실제로 우리가 동의하지 않는 도덕 기준을 정상화하려는 공동의 노력과 그 주제에 대해 침묵하기를 거부하는 것에 대한 비례적인 반응일 뿐입니다. 즉, 우리는 성장하는 대화에 참여하고 활동가들의 노력에 응답하고 있을 뿐입니다.

SSA가 죄인지 아닌지에 대한 논쟁이 있습니다.

그것을 죄로 분류하는 데는 여러 가지 이유가 있습니다. '죄'라는 꼬리표를 붙일지 말지 토론하는 대신 우리는 확실히 알고 있는 두 가지에 초점을 맞춰야 합니다. 그것은 하나님의 계획이 아니며, 크리스천에게는 빠지지 말아야 할 유혹입니다. 예수님을 따르는 데 집중하고 SSA를 경험하는 사람들이 개인의 성욕과 투쟁이 아니라 우리의 정체성과 희망의 닻이신 예수님을 따르도록 돕는 데 집중하십시오(Q20에서 자세히 알아보십시오).

사역을 위한 조언:

1. 수정주의적 해석과 전통적 해석의 차이점을 지적합니다.
    - 성경에 대한 수정주의적 읽기가 잘못된 이유를 지적하십시오.

   ≫ 성경을 읽는 주관적이고 신뢰할 수 없으며 일관성이 없는 방법 - 성경과 삶에 대한 가정에 따라 사람마다 크게 다릅니다.

   ≫ 일관성이 없고 성경의 나머지 부분과 조화되지 않음 - 결론이 성경의 다른 부분에서 말하는 것과 일치하지 않습니다.

    - 또한 성경의 권위와 진정성을 변호할 준비를 하십시오.

   ≫ 이것은 제자도와 전도를 위한 좋은 기회입니다(많은 사람들이 아직도 성경이 얼마나 놀라운지 이해하지 못합니다).

   궁극적으로 성경으로 사람을 이기고 훼방하는 것이 아니라 하나님의 말씀의 진리로 사람을 사랑하는 것입니다. 성령의 열매를 반영하는 성품으로 반응합시다

2. 우리는 …

   ≫ 의견을 들을 수 있는 권리를 얻으십시오 - 사람들은 귀하가 얼마나 관심을 갖고 있는지 알지 못하는 한 귀하가 얼마나 알고 있는지에 관심을 두지 않습니다.

   ≫ 사랑과 분별력으로 성경을 사용하십시오 - 하나님의 진리를 나누는 올바른 방법과 시기를 분별하십시오. 모든 사람이 준비되지 않았습니다. 우리는 사랑 안에서 진실을 말해

야 합니다.
≫ 개인의 거룩함과 겸손함으로 신뢰할 수 있는 증인이 되십시오

참조:

[1] Heartbeat Project, https://heartbeatproject.sg/, accessed 22 Aug 2020
[2] Debt clearing, 2014, https://www.straitstimes.com/singapore/methodists-in-singapore-to-help-the-poor-clear-their-debts, accessed 22 Aug 2020
[3] Bethel Social Services, https://www.bethelcs.org.sg/services/bethel-social-services/
[4] Outreach - Church of Praise, https://www.churchofpraise.org.sg/serve/outreach, accessed 22 Aug 2020
[5] City Harvest Community Services Association (CHCSA), https://www.chcsa.org.sg/services, accessed 22 Aug 2020
[6] Touch Community Services, https://www.touch.org.sg/about-touch/our-services, accessed 22 Aug 2020
[7] Cornerstone Community Services, https://ccs-fle.netlify.app/#/, accessed 22 Aug 2020
[8] The Radical Impact of the Singaporean Church, 2019, https://onevoicemagazine.com/the-radical-impact-of-the-singaporean-church/, accessed 22 Aug 2020
[9] Church of Our Saviour Community Services, https://www.coos.org.sg/church-life/community-services/, accessed 22 Aug 2020
[10] Young Life Under Pressure to Change Sexual Conduct Policy, 2020, https://ministrywatch.com/young-life-under-pressure-to-change-sexual-conduct-policy/, accessed 22 Aug 2020
[11] Christian Colleges Are Tangled In Their Own LGBT Policies, 2018, https://www.npr.org/2018/03/27/591140811/christian-colleges-are-tangled-in-their-own-lgbt-policies, accessed 22 Aug 2020

유용한 정보:

- Holy Sexuality and the Gospel, 2018, Dr. Christopher Yuan, https://g.co/kgs/M69cir, accessed 15 Nov 2020
- (Revisionist view) Free Community church FAQ page, https://www.freecomchurch.org/resources/faith-and-lgbtq-faq/, accessed 22 Aug 2020
- The Bible, The Church, & Homosexuality, Exposing Gay Theology, 2004, Timothy J. Dailey, https://downloads.frc.org/EF/EF05K11.pdf, accessed 21 Dec 2020
- Centre for Faith and Sexuality, https://www.centerforfaith.com/, accessed 15 Nov 2020
- Quek Tze-Ming, 2014. Bible and Homosexuality, https://ethosinstitute.sg/wp-content/uploads/2014/12/QUEK-aligned.pdf, accessed 22 Aug 2020
- Witnessing to Theological Liberals, 2009, https://www.equip.org/article/witnessing-to-theological-liberals/, accessed 22 Aug 2020

질문 12
동성애 행위는 성경에서 금지되어 있습니까?

신속한 답변:

예. 우리는 성경에서 동성애 활동을 금지하는 명확한 표현을 발견합니다. 여기에는 레위기 18:22, 레위기 20:13, 고린도전서 6:9-11이 포함됩니다.

다른 것도 있지만 먼저 논의해 보겠습니다. 레위기에는 잘 알려진 두 가지 진술이 포함되어 있습니다.

동성애 행위

(레위기 18:22)
"너는 여자와 동침하듯 남자와 동침 하지 말라. 그것은 가증한 일이니라"

(레위기 20:13)
"남자가 여자와 동침하듯 남자와 동침하면 둘 다 가증한 일을 행함이라. 그들은 반드시 죽임을 당할 것이다. 그들의 피가 그들에게 돌아갈지니라"

때때로 사람들은 이 구절들이 크리스천들이 더 이상 따르지 않는 율법책에 나타나기 때문에 동성애도 더 이상 적용되지 않는다고 주장합니다.

다른 사람들은 구약 율법에서 "가증한 것"이라는 표현이 종종 우상 숭배를 묘사하는 데 사용된다는 점에 주목합니다. 따라서 그들은 이 구절이 모든 동성애 행위를 정죄하는 것이 아니라 이교도 사원과 관련된 컬트(남성) 매춘만 정죄한다고 제안합니다. 그러나 사용된 언어는 그렇게 구체적이지 않습니다. 일반적으로 "여자와 같이" 남자와 눕는 것(성관계를 갖는 것)을 가리킵니다.

또한 주변 구절은 다른 형태의 성적인 죄(근친상간, 간음 및 수간 등)를 설명합니다. 이것들은 이교 사원이나 우상숭배와는 아무런 관련이 없으며 크리스천들은 그것이 오늘날에도 여전히 금지되어 있음을 인식할 것입니다. 그것은 단지 이교 종교만이 아니라 도덕적인 행동입니다.

더욱이 레위기 20:13은 두 남자 당사자를 동등하게 강조합니다. 이것은 또한 일반적이고 합의된 동성애 활동이 주제라는 것을 암시합니다(강간이나 강제 관계와 반대로).

고린도 교회에 대한 바울의 경고와 기억

"불의한 자가 하나님의 나라를 유업으로 받지 못할 줄을 알지 못하느냐 미혹을 받지 말라 음행하는 자나 우상 숭배하는 자나 간음하는 자나 탐색하는 자나 남색하는 자나 탐욕을 부리는 자나 술 취하는 자나 모욕하는 자나 속여 빼앗는 자들은 하나님의 나라를 유업으로 받지 못하리라. 너희 중에 이와 같은 자들이 있더니 주 예수 그리스도의 이름과 우리 하나님의 성령 안에서 씻음과 거룩함과 의롭다 하심을 받았느니라"(고린도전서 6:9-1)

여기에는 'Malakoi' 와 'Arsenokoitai'라는 두 가지 헬라어 용어가 사용되었습니다. 전자는 남성 동성애 성교에서 수동적인 사람을 가리키고 후자는 동성애 성교에 관여하는 남성을 가리키는 일반적인 용어입니다 (자세한 내용은 다음 페이지 및 Q16 참조).

이 구절에서 바울은 (회개하지 않는 한) 하나님의 왕국에서 제외될 여러 부류의 사람들을 묘사합니다. 4가지 종류는 성적인 죄와 관련이 있고 그 중 2가지 종류는 특히 동성애 행위와 관련이 있습니다. ESV 번역은 후자를 취하여 "동성애를 행하는 남자"로 합치는 반면, NLT는 그들을 "남성 매춘부" 또는 "동성애를 행하는 사람"으로 번역합니다.

동성애와 관련된 첫 번째 용어('탐색')는 '말라코이'(malakoi)로 번역하면 '부드러운 것'을 의미합니다. 고전 문학에서 그것은 여성스러운 남성, 남색(남성-소년) 관계의 젊고 수동적인 파트너 또는 남성 매춘부(따라서 NLT의 번역)를 가리키는 경멸적인 용어로 사용될 수 있습니다.

고린도전서 6장에서 malakoi는 성적인 죄의 일반적인 형태를 설명하는 목록에 나오며, 문맥은 바울이 동성애 성교에서 수동적인 파트너를 언급하기 위해 넓은 의미로 사용하고 있음을 암시합니다.

바울이 사용한 두 번째 용어('남색')는 '아르세노코이타이(arsenokoitai)'입니다. 이 단어는 'arsen' (남성)과 'koites' (성교 및 문자 그대로 "침대")라는 두 단어를 결합하여 형성됩니다. 이 두 단어는 레위기 18장 22절과 20장 13절의 그리스어 번역에서 사용되며, 이는 바울이 이 두 구절을 언급하고 있음을 암시합니다.

(바울은 이미 고린도전서 5장에서 레위기 18:7-8절을 반영하는 언어를 사용하여 아버지의 아내와 함께 사는 남자를 교회가 받아들이는 것을 정죄했습니다. 레위기가 금지하는 것은 신약시대의 크리스천들에게도 여전히 금지된 상태임을 의미합니다.)

Arsenokoitai는 남성-동성애 섹스에 대한 일반적인 용어입니다. 그것이 malakoi와 짝을 이룬다는 것은 바울이 동성애 섹스에서 능동적 파트너와 수동적 파트너 모두를 다루고 있음을 나타냅니다.

이 모든 것이 동성애에 대한 우리의 이해를 위해 무엇을 의미합니까?

1. 동성애의 죄는 심각하다

적극적으로 회개하지 않는 죄인과 동성애에 적극적으로 연루된 사람들은 하나님의 왕국에 들어가지 못할 것입니다. 바울은 이 점에서 우리에게 속지 말라고 촉구합니다. 그는 이 가르침을 부인하는 사람들이 있을 것이라고 가정하고, 어떤 형태의 동성애 행위는 하나님이 받아들이실 수 있다고 주장합니다. 그러나 바울은 분명합니다. 모든 동성애 행위는 사람들을 멸망으로 인도합니다. 이것은 심각한 문제입니다.

2. 동성애의 죄는 독특하지 않다

바울의 목록에는 다른 형태의 성적인 죄(성적 부도덕과 간음)가 포함되며 여기에는 비성적인 형태의 죄(예: 술 취함과 절도)가 포함됩니다. 동성애의 죄는 엄청나게 심각하지만 탐욕도 마찬가지입니다.

우리는 동성애가 우리 시대의 죄악이라고 암시해서는 안 됩니다. 우리가 성경에 충실하려면 도둑질, 탐욕, 술취함, 욕설, 다른 사람을 속이는 일에 반대하는 설교를 해야 합니다. 이 중 많은 것들이 우리 사회에서도 하찮게 취급되며 이 모든 것들은 또한 불의한 자들의 특징입니다.

3. 동성애는 피할 수 있다

바울은 계속해서 11절에서 이렇게 말합니다. "그러나 너희는 주 예수 그리스도의 이름과 우리 하나님의 성령으로 씻음과 거룩함과 의롭다 하심을 얻었느니라"(고린도전서 6:11)

이러한 형태의 행동은 우리 크리스천에게 적합하지 않습니다. 분명히 일부 고린도 교인들은 활동적인 동성애자였습니다. 그들은 한때 이런 방식으로 살았지만 더 이상 이런 방식으로 남아 있지 않았습니다. 그들은 씻겨지고 성화되고 의롭게 되었습니다. 죄 사함을 받고 죄에서 깨끗해지며 하나님을 위해 구별되었습니다. 그들은 그분 앞에서 새로운 지위와 정체성을 갖게 되었습니다.

그것이 어떤 사람의 행동과 정신에 아무리 깊이 뿌리박혀 있어도 동성애 행위는 피할 수 없는 것이 아닙니다. 성적으로 활동적인 동성애자가 하나님에 의해 새롭게 되는 것은 가능합니다.

새로워진다는 것이 반드시 동성에 대한 유혹이나 동성애적 욕망이 없다는 것을 의미하지는 않습니다. 이전 생활 방식으로 돌아가지 말라고 독자들에게 경고한 바울의 경고는 여전히 그렇게 하려는 욕망이 있음을 암시합니다.

다른 모든 유혹과 감정과 마찬가지로 동성에게 끌리는 마음은 오래 지속될 수 있지만 그리스도 안에서 우리는 더 이상 이러한 성향에 속박될 필요가 없습니다. 우리의 과거가 무엇이든 간에 그때 우리를 정의했던 것이 지금은 더 이상 우리를 정의하지 않습니다. 그리스도를 믿는 사람은 거듭났습니다.

우리에게는 새로운 신분이 주어졌습니다. 하나님 앞에서 의롭게 된 신분, 예수를 선택할 수 있는 신분, 우리의 유혹과 육체적인 욕망보다 거룩함을 선택할 수 있는 신분입니다. 즉, 극복할 수 있다는 뜻입니다.

사역을 위한 조언:

- 동성 행위와 동성 끌림(SSA)을 구별하는 것이 도움이 됩니다. 성경은 동성 행위를 정죄하지만 동성에게 매력을 느끼는 사람을 정죄하지는 않습니다(자세한 내용은 Q20 참조).
- 어떤 사람 들은 '게이 라이프스타일'이라는 용어에 훨씬 더 민감할 수 있습니다. 내용을 흐리거나 혼동하지 않고 여전히 복음의 진리에 대해 이야기 할 수 있으려면 다음과 같은 용어를 사용하여 요점을 바로 말하십시오.
  ≫ '성욕', '성적 활동', '로맨틱 관계'는 '게이 라이프스타일'이라는 용어로 소통하고자 하는 것을 직접적으로 지칭합니다.

질문 13
동성애는 성경에서 구체적으로 금지되어 있습니까?

신속한 답변:

예. 성경은 '레즈비언니즘'을 구체적으로 언급하지 않지만 글의 정신은 분명합니다. 거룩함은 모든 크리스천의 목표입니다. 우리는 우리의 행동을 지켜볼 뿐만 아니라 우리의 생각을 그리스도께 복종시키고 유혹과 그릇된 욕망/정욕을 극복하도록 부르심을 받았습니다.

하나님이 계시하신 진리를 억누르는 불명예스러운 열정

신약으로 돌아가서, 로마서 1장은 동성애 행동의 본질과 특성에 대해 많은 것을 말하고 있습니다. 로마서 1:18-3:20에서 바울은 온 세상이 하나님 보시기에 불의하므로 구원이 필요함을 보여줍니다.

로마서 1:18-32은 이방인 세계에 초점을 맞추어 그것이 어떻게 하나님에게서 돌아섰고 우상숭배를 받아들였는지를 설명합니다. 본문의 세부 사항은 바울이 독자를 둘러싼 그리스-로마 문화를 적절한 사례로 사용하고 있음을 나타낼 수 있습니다.

"스스로 지혜 있다 하나 어리석게 되어 썩어지지 아니하는 하나님의 영광을 썩어질 사람과 새와 짐승과 기어다니는 동물 모양의 우상으로 바꾸었느니라 그러므로 하나님께서 그들을 마음의 정욕대로 더러움에 내버려 두사 그들의 몸을 서로 욕되게 하게 하셨으니 이는 그들이 하나님의 진리를 거짓 것으로 바꾸어 피조물을 조물주보다 더 경배하고 섬김이라 주는 곧 영원히 찬송할 이시로다 아멘"
(로마서 1:22-25)

이방인 사회는 하나님께서 자신을 창조하실 때 계시하신 진리를 억압했기 때문에 하나님의 진노를 받았습니다(18-20절). 그런 다음 바울은 어떻게 이런 일이 일어났는지 설명합니다. 그는 하나님에 대해 알려진 것이 어떻게 다른 것으로 바뀌었는지에 대한 세 가지 예를 제시합니다.

- 그들은 하나님의 영광을 피조물의 형상으로 바꿉니다(23절).
- 그들은 하나님의 진리를 거짓으로 바꾸고 피조물을 숭배합니다(25절)
- 그들은 하나님에 대한 지식을 거부하고(28절) "자연스러운" 관계를 "부자

연스러운" 관계로 바꿉니다.

"이 때문에 하나님께서 그들을 부끄러운 욕심에 내버려 두셨으니 곧 그들의 여자들도 순리대로 쓸 것을 바꾸어 역리로 쓰며 27 그와 같이 남자들도 순리대로 여자 쓰기를 버리고 서로 향하여 음욕이 불 일 듯 하매 남자가 남자와 더불어 부끄러운 일을 행하여 그들의 그릇됨에 상당한 보응을 그들 자신이 받았느니라"
(로마서 1:26-27)

두 가지 중요하고 정신이 번쩍 드는 진실은

1. 동성애 욕망은 하나님이 원래 의도하신 것이 아닙니다.

이것은 동성애 욕망이 하나님이 원래 의도하지 않은 유일한 것임을 의미하지는 않습니다. 우리의 모든 욕망은 죄로 인해 왜곡되었습니다. 그러나 바울은 레즈비언과 남성의 동성애 행위를 모두 "부자연스럽다"고 설명합니다.

어떤 사람들은 이것이 사람들 자신에게 "자연스러운" 것, 즉 동성애 활동에 참여하는 이성애자들이 그들의 "자연스러운" 지향에 어긋나는 것을 가리킨다고 주장했습니다. 이 견해에 따르면 바울은 모든 동성애 행위를 비난하는 것이 아니라 그 사람 자신의 성적 성향에 반하는 행위만을 비난합니다.

그러나 이 견해는 그 자체로 뒷받침될 수 없습니다. "자연스러운"과 "자연에 거스르는"이라는 단어는 우리에게 자연스럽게 느껴지는 것에 대한 우리의 주관적인 경험이 아니라 창조물에 있는 사물의 고정된 방식을 가리킵니다. 바울이 언급한 '본성'은 동성애 행위가 창조에 계시되고 성경 전체에서 반복되는 하나님의 계획과 목적과 모순됨을 보여줍니다.

남성 동성애 행위뿐만 아니라 레즈비언주의에 대한 바울의 언급은 그가 로마 문화에서 발생한 남자-소년 관계뿐만 아니라 모든 동성애 활동을 비난하고 있다는 생각을 뒷받침합니다.

다만 바울의 그 말로 동성애 행위가 죄악된 행위의 최악이거나 유일한 형태라고 생각하게 해서는 안됩니다. 바울은 그것이 특히 생생한 예이기 때문에 또는 문화적 맥락을 고려할 때 로마에 있는 그의 독자들에게 특히 적절했기 때문에 그것을 강조한 것일 수 있습니다.

어느 쪽이든 그것은 우리 모두에게 해당되는 사실을 보여줍니다. 우리가 하나님을 거부할 때 우리는 자연스럽게 하도록 설계되지 않은 것을 갈망하게 됩니다. 이성애 섹스를 원하는 사람들도 섹스에 대한 제작자의 설계와 완전히 일치하지 않는 방식으로 그렇게 하고 있음을 알게 됩니다.

2. 같은 구절이 우리 모두를 고발합니다.

우리의 왜곡된 욕망은 우리가 하나님에게서 돌아섰다는 표시입니다. 바울은 복음과 함께 "하나님의 진노가 불의로 진리를 막는 사람들의 모든 경건치 않음과 불의에 대하여 하늘로 좇아 나타나나니"(롬 1:18)라고 썼습니다. 언젠가 "진노의 날 곧 하나님의 의로우신 판단이 나타나는 날"(로마서 2:5b)이 있을 것이지만, 오늘날 죄에 대한 하나님의 분노의 표현이 이미 있습니다.

바울이 묘사한 대화에 대한 응답으로, 우리는 하나님께서 우리의 죄악된 욕망의 잔해 속에서 살도록 사회를 내어주신 세 가지 사례를 봅니다. 이것이 죄에 대한 오늘날의 심판입니다. 우리는 그분 없는 현실을 구하고 그분은 우리에게 그것을 맛보게 하십니다.

각각의 경우에 "포기"는 죄를 더 심화시키고 인간 행동을 더욱 붕괴시키는 결과를 가져옵니다. 하나님은 인간을 "더러운 정욕과 부끄러운 육체의 행실"(로마서 1:24)과 "부끄러운 정욕"(26절)에 내버려두십니다. 자연스러운 관계를 부자연스러운 것으로 바꾸는 것은 바울이 반사회적 행동의 긴 목록(28-31절)에서 밝히는 "온갖 불의"의 번창과 "저질스러운 마음"에 빠지게 합니다. 죄는 심판에 이르게 하지만 심판의 결과는 또한 이 시대에 더 큰 죄를 낳습니다.

이 모든 죄악된 행위의 존재는 우리가 모든 종류의 방법으로 고의적으로 하나님에게서 등을 돌린 세상에 살고 있음을 상기시켜 줍니다. 그러므로 이 세상은 하나님의 진노를 미리 맛보고 있으며 심판 날에 마지막으로 쏟아지는 것을 구하고 있습니다.

여기서 바울이 개인적 용어가 아니라 사회적 용어로 말하고 있음을 인식하는 것이 중요합니다. 그는 특정 개인이 아니라 문화 전체에 일어나는 일을 설명하고 있습니다.

우리 중 어떤 사람에게 동성 욕망이 존재한다고 해서 그가 다른 사람들보다 더 많이 하나님에게서 돌아섰다는 표시는 아닙니다. 그러나 그것은 인류 전체가 그렇게 했다는 표시입니다. 그것은 유일한 징조가 아니며 모든 사람에게 의심할 여지 없이 하나 이상의 징조가 있습니다. 그것은 인간의 본성이 하나님이 원래 의도하신 것과 달라졌다는 표시입니다.

3. 동의는 동성애를 정당화하거나 합법화하지 않습니다.

동성애의 도덕성은 동의에만 의존하지 않습니다. 홀로. 본질적으로 잘못된 행위는 단순히 동의가 있거나 동기가 '사랑'이고 '헌신'에 기반했다는 이유만으로 도덕적으로 용인되지 않습니다.

이전에 말한 모든 것에 대해, 성경적 관점에서 볼 때 동성 관계/파트너십은 하나님의 계획과 의도에 부합하지 않는다는 것이 분명합니다. 그러므로 장려해서는 안 됩니다.

질문 14
다윗과 요나단은 동성애 관계였습니까?

신속한 답변:

아닙니다. 다윗과 요나단은 정말 가까웠지만 동성애자는 아니었습니다. 그들은 서로에 대한 낭만적인 애정이나 성적인 애정이 아니라 형제 사랑을 가졌습니다.

맥락 이해하기: 다윗 왕의 생애

어떤 이들은 동성애 관계를 긍정하는 데 사용된 다윗 왕의 생애에 관한 부분이 성경의 4개장 10개의 구절속에 있다고 주장합니다. 정말 그런가요? 함께 구절을 살펴봅시다.

"내 형 요나단이여 내가 그대를 애통함은 그대는 내게 심히 아름다움이라. 그대가 나를 사랑함이 기이하여 여인의 사랑보다 더하였도다"(사무엘하 1:26)

"다윗이 사울에게 말하기를 마치매 요나단의 마음이 다윗의 마음과 하나가 되어 요나단이 그를 자기 생명 같이 사랑하니라 그 날에 사울은 다윗을 머무르게 하고 그의 아버지의 집으로 다시 돌아가기를 허락하지 아니하였고 요나단은 다윗을 자기 생명 같이 사랑하여 더불어 언약을 맺었으며 4 요나단이 자기가 입었던 겉옷을 벗어 다윗에게 주었고 자기의 군복과 칼과 활과 띠도 그리하였더라"(사무엘상 18:1-4)

"사울이 그의 아들 요나단과 그의 모든 신하에게 다윗을 죽이라 말하였더니 사울의 아들 요나단이 다윗을 심히 좋아하므로"(사무엘상 19:1)

"다윗이 또 맹세하여 이르되 내가 네게 은혜 받은 줄을 네 아버지께서 밝히 알고 스스로 이르기를 요나단이 슬퍼할까 두려운즉 그에게 이것을 알리지 아니하리라 함이니라 그러나 진실로 여호와의 살아 계심과 네 생명을 두고 맹세하노니 나의 죽음의 사이는 한 걸음 뿐이니라 다윗에 대한 요나단의 사랑이 그를 다시 맹세하게 하였으니 이는 자기 생명을 사랑함같이 그를 사랑함이었더라"(사무엘상 20:3, 17)

"사울이 요나단에게 화를 내며 그에게 이르되 패역무도한 계집의 소생아 네가 이새의 아들을 택한 것이 네 수치와 네 어미의 벌거벗은 수치됨을 내가 어찌 알지 못하랴"(사무엘상 20:30)

"아이가 가매 다윗이 곧 바위 남쪽에서 일어나서 땅에 엎드려 세 번 절한 후에 서로 입 맞추고 같이 울되 다윗이 더욱 심하더니"(사무엘상 20:41)

1. 사랑하는 인간관계가 반드시 성적일 필요는 없다

사무엘하 1장 26절이 어떻게 다윗과 요나단이 동성애자였는지에 대한 실마리를 담고 있다고 제안하는 사람들은 강력한 플라토닉 우정, 즉 하나님이 축복하신 의미 있는 인간 애정의 본질적인 형태로서의 우정의 가능성을 무시하는 견해를 가지고 있습니다. 이러한 관점은 '(형제)사랑'과 '섹스'를 융합합니다.

이것을 생각해 보십시오: 하나님의 사랑은 또한 "가장 놀랍습니다" – 이것이 성적인 것을 의미합니까?

2. 확실히 이 구절에는 성적인 암시가 없었습니다.

(사무엘상 19:1) "요나단이 다윗을 심히 좋아하므로" –> 히브리어로 '좋아함': 'chaphets'는 '마음의 기쁨'을 의미하며 히브리어 성경에서 성욕을 나타내는 데 사용된 적이 없습니다.

(사무엘상 18:1) "요나단의 마음이 다윗의 마음과 하나가 되어"는 단지 그들의 우정의 깊이를 의미했습니다. 여기서 발생하는 '한 육체'는 없었습니다. 동일한 형태의 사랑이 교회의 신자들에게 명령됩니다(빌 1:27).

(사무엘상 20:30) "네가 이새의 아들을 택한 것이 네 수치와 네 어미의 벌거벗은 수치됨을 내가 어찌 알지 못하랴"(NRSV)는 요나단이 어떻게든 다윗을 연인으로 선택하여 자신과 가족을 부끄럽게 만들었다는 의미가 아닙니다. 사무엘상 20장의 문맥을 보면 사울 왕이 다윗을 해하고 죽이려 했다는 것을 쉽게 알 수 있습니다(1절, 31절). 그것은 배신과 수치를 의미합니다.

NIV 번역은 우리에게 더 명확하게 합니다(삼상 20:30-31): 30 사울은 요나단에게 화를 내며 그에게 말했습니다. 네가 이새의 아들 편에 서서 네 수치와 너를 낳은 어미의 수치를 내가 알지 못하느냐? 31 이새의 아들이 이 땅에 사는 동안에는 너와 네 나라가 견고하지 못하리라 이제 사람을 보내어 그를 나에게 데려오너라. 그가 반드시 죽어야 하니까!"

3. '입맞춤'은 중동 문화에서 성적인 의미가 없는 관습입니다.

그들의 입맞춤에는 에로틱하거나 로맨틱한 것이 없었습니다. 고대와 현대의 중동 문화에서 가족과 친구들은 성적인 의미가 없는 관습인 양 볼에 키스를 하며 서로 인사합니다. 절친한 친구 두 사람의 아픈 이별이었기에, 에로틱하지 않은 방식으로 키스하는 것은 예사로운 일입니다. 유럽과 다른 지역에서도 흔히 볼 수 있는 이 관습은 신약의 명령에도 반영되어 있습니다.

사무엘상 20장 41절에 다윗이 세 번 절하고 입맞추고 울었습니다. 근동 사회에서 키스하는 두 남자에 대해 본질적으로 성적인 것은 없습니다. 구약성경에 나오는 27번 중 키스에 대한 24번의 언급은 에로틱한 요소를 포함하고 있으며 모두 솔로몬의 노래에 있습니다.

다른 3가지 사례는 사무엘상 10장 1절에서 사무엘과 사울이 입맞춤, 다윗과 바르실래의 사무엘하 19장 39절에서의 입맞춤, 창세기 45장 15절에서의 요셉이 그의 형제들에게 입맞춤인데, 그들 중 누구도 에로틱하거나 성적인 것이 아니었습니다.

4. 다윗의 문제는 남자가 아니라 여자였습니다! 다윗과 요나단은 둘 다 아내를 두었습니다.

여성에 대한 욕망과의 다윗의 투쟁은 성경에서 분명합니다. 그는 밧세바를 욕망한 후 하나님께 일련의 죄를 범하는 것으로 절정에 이릅니다. 성경은 다윗의 죄와 투쟁과 회개를 언급하는 것을 부끄러워하지 않았습니다. 그러나 성경에는 다윗과 요나단이 서로 또는 다른 남자를 성적으로 원했다는 다른 언급이 없습니다.

질문 15
동성애는 소돔과 고모라에 대한
하나님의 심판과 관련이 있습니까?

신속한 답변:

예. 분명히 하나님을 대적하는 죄의 일부이지만 그것을 지나치게 강조하는 것도 잘못된 것입니다. 동성애가 소돔과 고모라에 존재했고 그것이 결국 하나님의 심판에 기여했다는 것은 분명합니다.

창세기 19장에 대한 수정론자들의 해석 탐구

"그들이 눕기 전에 그 성 사람 곧 소돔 백성들이 노소를 막론하고 원근에서 다 모여 그 집을 에워싸고 롯을 부르고 그에게 이르되 오늘 밤에 네게 온 사람들이 어디 있느냐 이끌어 내라 우리가 그들을 상관하리라" [창세기 19:4-5]
"그 사람들이 롯에게 이르되 이 외에 네게 속한 자가 또 있느냐 네 사위나 자녀나 성 중에 네게 속한 자들을 다 성 밖으로 이끌어내라 그들에 대한 부르짖음이 여호와 앞에 크므로 여호와께서 이 곳을 멸하시려고 우리를 보내셨나니 우리가 멸하리라" [창세기 19:12-13]

수정론자들의 주장 #1: "이 도시들은 동성애가 아니라 다른 죄로 심판을 받았습니다"(에스겔 16:49 참조)

소돔은 집단 강간, 환대 부족, 궁핍한 자를 돕지 않는 죄로 인해 벌을 받았습니다. 소돔은 '동성애 도시'로 알려져 있지 않았습니다.

#1번에 대한 답변: 소돔의 죄는 집단 강간, 불친절, 동성애였습니다.

에스겔 16:50은 계속해서 소돔이 하나님 앞에서 '거만'하고 '가증한 일을 행하였다'고 언급합니다. "가증한 일"이라는 용어는 구약에서 여러 번 사용되었지만 대부분 복수형으로 사용되었습니다. 그러나 여기서는 단수로 사용됩니다. 그것은 소돔의 맥락에서 무엇을 의미합니까?

성경 전반에 걸쳐 동성애를 하나님 앞에서 가증한 일 또는 가증한/비뚤어진 행위로 부르는 것이 분명합니다(레위기 20:13, 로마서 1:26-27).

유다서 1장 7절에는 음행이 소돔과 고모라가 하나님 앞에서 범한 '교만하고 가증한 일' 중 하나임을 분명히 밝히고 있습니다.

수정론자들의 주장 #2: "성적 관심이 전혀 없었으니 동성애에 관한 것일 수 없다"

히브리어 '야다(Yada)' (창세기 19:5, 8)는 '알다' 또는 '익숙하다'를 의미합니다. 이 단어는 섹스에 대해 아무 말도 하지 않습니다. 소돔인들은 단지 롯의 방문객을 '알고' '신분증을 조사'하기를 원했습니다. 그들의 잘못은 롯이 거절한 후에 난폭해지고 무자비해지는 데 있었습니다.

#2번에 대한 답변: 히브리어 '야다'는 성교를 언급하는 구약에서 적어도 10번 사용되었습니다.

어떤 사람들은 '야다'가 943번 나오는데 성교를 언급하는 것은 15번 정도라고 주장할 수도 있지만, 그것이 성교를 언급하는 데 사용될 수 있다는 것을 부인할 수 없습니다. 우리는 편협한 조언보다 성경의 전체 권고를 고려해야 합니다.

창세기 4:1(아담과 아내), 창세기 4:17(가인과 아내), 창세기 4:25(아담과 아내), 사무엘상 1:19(엘가나와 아내), 창세기 19:8(롯의 처녀 딸들), 창세기 24:16(처녀 리브가), 사사기 19:25(기브아에서 강간), 사사기 21:12(야베스 길르앗의 처녀들), 열왕기상 1:4(왕이 아비삭과 동침하지 아니함), 민수기 31:17(처녀가 아닌 여자)

사실. 창세기 19장 8절에서 'Yada'는 명시적으로 롯의 딸들을 처녀로 암시/설명하기 위해 사용되었습니다. (즉, 그들은 남자를 '알지' 못했습니다). 따라서 앞 5절의 '상관'이라는 단어의 'Yada'는 이들 방문객과의 성관계로 해석하는 것이 더 타당합니다.

그러므로 환대하지 않아서 멸망했다는 주장은 성립하지 않습니다. 성적 관심이 관련되어 있지 않다면 왜 롯이 그들이 좋아하는 대로 하도록 두 처녀 딸을 두 방문자들에게 제공했겠습니까?

질문16
게이와 레즈비언은 지옥에 가나요?

신속한 답변:

모든 불의하거나 독선적인 사람들은 심판을 받고 하나님에게서 쫓겨날 것입니다. 지옥. 이런 맥락에서 이성애자는 동성애자보다 이점이 없습니다. 왜냐하면 우리는 모두 은혜로 구원받아야 할 망가진 사람들이기 때문입니다. 이름이나 이전의 정체성에 상관없이 회개하는 사람은 누구든지 예수님을 영접하고 하나님과 함께 하는 영생을 얻을 수 있습니다.

말라코이, 아르세노코이타이, 회개

"불의한 자가 하나님의 나라를 유업으로 받지 못할 줄을 알지 못하느냐 미혹을 받지 말라 음행하는 자나 우상 숭배하는 자나 간음하는 자나 탐색(Malakoi)하는 자나 남색(Arsenokoitai)하는 자나 도적이나 탐욕을 부리는 자나 술 취하는 자나 모욕하는 자나 속여 빼앗는 자들은 하나님의 나라를 유업으로 받지 못하리라" [고린도전서 6:9-10]

여기에는 'Malakoi' 와 'Arsenokoitai'라는 두 가지 헬라어 용어가 사용되었습니다. 전자는 남성 동성애 성교에서 수동적인 사람을 가리키고 후자는 동성애 성교에 참여하는 남성을 가리키는 일반적인 용어입니다(Q12 참조).

"그러나 율법은 사람이 그것을 적법하게만 쓰면 선한 것임을 우리는 아노라 알 것은 이것이니 율법은 옳은 사람을 위하여 세운 것이 아니요 오직 불법한 자와 복종하지 아니하는 자와 경건하지 아니한 자와 죄인과 거룩하지 아니한 자와 망령된 자와 아버지를 죽이는 자와 어머니를 죽이는 자와 살인하는 자며 음행하는 자와 남색(Arsenokoitai)하는 자와 인신 매매를 하는 자와 거짓말하는 자와 거짓맹세하는 자와 기타 바른 교훈을 거스르는 자를 위함이니" (디모데전서 1:8-10)

수정론자들의 주장 #1: "Malakos/malakoi"는 동성애 남성이 아니라 자제력이 부족한 남성을 가리킨다"

말라코이($\mu\alpha\lambda\alpha\kappa o$)

문자 그대로 '부드러움'을 의미합니다. 자제력 부족, 약점, 비겁함, 게으름을 설명하는 데 널리 사용되었습니다. 그것은 정욕에 대한 자제력이 부족한 남성을 묘사합니다. 동성 행동에 대한 언급은 번역으로 인해 20세기 이후에야 교회 내에서 나왔습니다.

1번에 대한 답변(Sam Allberry, 'Is God anti gay?'에서 각색 및 편집): 문맥이 중요하며, 고전 문학에서 'malakos'는 여성스러운 남성에 대한 비승인 용어로 사용될 수 있습니다. pederastic(man-boy) 관계에서 더 젊고 수동적인 파트너 또는 남성 매춘부를 언급 합니다.

고린도전서 6장에서 malakoi는 성적인 죄의 일반적인 형태를 설명하는 목록에 나오며, 이 문맥은 바울이 동성애 관계에서 수동적인 파트너를 언급하기 위해 넓은 의미로 malakoi를 사용하고 있음을 시사합니다. 이것은 또한 바울이 malakoi와 그가 사용하는 두 번째 용어를 결합한 것과도 일치합니다. Arsenokoitai는 "남성"(arsen)과 "성교"(koites, 문자 그대로 "침대")의 합성어입니다. 이것은 레위기 18장 22절과 20장 13절의 그리스어 번역에 사용된 두 단어로, 바울이 이 두 구절을 다시 언급하고 있음을 암시합니다.

남색(소아성애)은 이 용어의 일부일 뿐입니다. 학자들은 아리스토텔레스의 경우 사람들이 'akolastoi' (불신앙), 즉 'pery tas somatikos apolauuseis' (신체적 쾌락에 관한 것)라고 불리는 것과 동일한 것(일반적으로 동성애)과 관련하여 'malakoi'라고 불린다고 지적했습니다 .

수정론자들의 주장 #2: "Arsenokoitai"의 의미가 모호하며 착취 시나리오에 사용됩니다. 동성행위라고 해도 문제는 착취지 동성행위가 아니다"

매우 희귀하기 때문에 정확한 정의는 불확실합니다. 역사가들과 언어학자들은 착취적 성행위의 한 형태일 가능성이 높으며, 대부분 동성애적 성격을 띠는 것은 아니라고 생각합니다.

바울은 pederasty뿐만 아니라 더 일반적으로 동성애 섹스와 로맨스를 가리키는 다른 단어 'paideraste'를 사용할 수도 있었지만 Arsenokoitai를 사용하기로 선택했습니다. 그러므로 성경의 정죄는 동성애가 아니라 음행과 착취적인 성행위에만 있는 것입니다.

#2번에 대한 답변: Arsenokoitai는 일반적으로 동성애를 의미합니다. 수정론자들이 주장하는 것과는 달리 'paideraste'는 'arsenokoitai' 보다 더 좁은 의미를 가질 수 있습니다.

이 용어는 동성 간의 성행위에 참여하는 남성을 의미합니다. 다시 말하지만, 남색은 단순한 하위 집합입니다. 70인역(그리스 구약)은 모든 동성애 행위를 언급하는 레위기 18장 22절 및 레위기 20장 13절의 번역에서 'arsenokoitai'를 형성하는 두 단어를 사용합니다. 따라서 일반적으로 동성애 활동을 지칭하는 데 사용되는 올바른 용어입니다.

'Pedophile'은 실제로 'paideraste'와 관련된 그리스어 'paidophile '에 뿌리를 두고 있습니다. 그래서 주장하는 것과는 달리, 바울이 단순한 남색이 아니라 더 넓은 범위의 동성애를 다루고자 했기 때문에 arsenokoitai가 Paideraste 보다 더 나은 단어일 수 있습니다.

예수 안의 희망

고린도전서 6장 11절은 계속해서 이렇게 말합니다. "그러나 여러분은 주 예수 그리스도의 이름과 우리 하나님의 성령 안에서 씻음과 거룩함과 의로움을 얻었느니라"

독선적인 사람만이 지옥에 가게 됩니다. 독선적인 사람들은 누구입니까?

자신에게 죄가 없다고 생각하는 사람, 구세주가 필요 없다고 생각하고 자기 욕심대로 살기를 고집하는 사람, 그러므로 독선적인 사람들은 죄를 회개하고 용서와 칭의를 얻기 위해 구주께 돌이킬 필요가 없다고 생각하는 사람들입니다.

게이/레즈비언은 지옥에 가나요? 그것은 실제로 그들이 예수 그리스도와 관련하여 무엇을 하느냐에 달려 있으며 동일한 원칙이 모든 사람에게 적용됩니다. SSA를 갖는 것은 성경에 나열된 다른 어떤 유혹보다 더 큰 문제가 아닙니다. 이성애자들도 성적으로 망가진 사람들입니다.

그들 역시 정욕과 심하게 싸울 수 있으며 그것으로부터 회개해야 합니다. 그들의 정욕과 관련된 유혹의 경험도 추구하지 않고 극복해야 하며 이러한 유혹은 SSA와 마찬가지로 결코 사라지지 않는 것처럼 보일 수 있습니다.

구주 예수는 우리 모두에게 필요합니다. 그분을 믿고 회개하고 충실히 따름으로 영생을 얻게 될 것입니다.

질문17
충실한 동성 커플은 왜 결혼할 수 없나요?

신속한 답변:

성경적 관점에서 동성에게 끌리는 모든 형태의 만족은 하나님의 계획과 의도와 일치하지 않습니다. 크리스천에게 결혼의 정의는 이성 커플에게만 해당되는 정의입니다. 동성 파트너십은 권장되지 않으며 동성 결혼은 불가능합니다.

결혼은 독신과 마찬가지로 나의 자아실현에 관한 것이 아니라 모두 주님을 위한 것입니다.

결혼이란 무엇입니까?

사회가 결혼을 바라보는 방식은 다양합니다. 예전에는 종종 경제적 안정을 위한 수단으로 여겨졌으며 여러 종족 간의 유대를 유지하거나 생성하기 위한 정치적 전략으로도 사용될 수 있었습니다.

최근에는 사람들이 사회적, 경제적으로 자리를 잡게 되면서 사랑에 관심이 있는 두 개인 간의 사적인 파트너십이라는 결혼 개념이 대중화되었습니다. 결혼은 서로의 개선, 발전, 성취를 위한 동반자 관계가 되었으며, 한쪽이 '거래 또는 공동의 목표에 부응하지 못하는' 경우 결혼을 종료하는 것은 자신을 구하기 위한 방법일 뿐입니다.

일부다처제가 금지되었었던 일부 지역에서는 법적으로 인정/비범죄화되고 있습니다. 결혼은 더 이상 두 개인 사이의 배타적 관계로 이해되지 않지만 동의가 있는 한 그룹으로 확장될 수 있습니다[1][2] . 동물과 인간의 결혼[3] 또는 로봇과의 결혼[4] 을 합법화하는 것에 대한 논의도 떠오르고 있습니다.

이 모든 것들은 "결혼이란 정확히 무엇인가?"라는 질문을 던집니다. 이것은 결혼과 관련된 도덕 문제를 생각할 때 우리 크리스천들에게 특히 중요합니다. 세상이 결혼에 대해 말하는 것 외에도 우리는 성경이 결혼에 대해 무엇이라고 말하는지 알아야 합니다

성경적 세계관에서 본 결혼

결혼은 사회적 제도 이상이며, 법적 계약 이상이며, 인생의 단계나 이정표 이상임이 분명합니다. 혼인은 남자와 여자가 하나님 앞에서 서로 맺는 언약이며, 그것은 하나님께서 그의 백성들에게 맺으신 언약을 반영합니다. 결혼은 섹스가 이루어질 수 있는 유일한 맥락입니다. 아이들을 키우기에도 최적의 환경입니다.

결혼은 개인적인 향유나 자아실현을 위한 것이 아니라 무조건적인 사랑에서 나오는 상호 희생과 복종이 결국 상호 성장과 기쁨으로 이어지는 곳입니다. 예수님 자신이 결혼 생활에서 사랑의 모범을 보여 주셨습니다. 남편들은 그리스도께서 교회를 위해 자신을 주셨고 사랑하신 것처럼 아내를 사랑하도록 권면받습니다(에베소서 5:25). 우리는 또한 서로 사랑하고 다른 사람을 우리 자신과 우리 자신의 야망보다 더 중요하게 여기도록 부름 받았습니다(빌립보서 2:1-4).

물론, 결혼은 자원을 포함한 삶의 모든 영역에서 두 사람이 하나가 됨에 따라 분명 어떤 형태의 상호 행복과 물질적 이점을 가져올 수 있지만 그것이 결혼에서 발견되는 목표나 주요 성장 유형은 아닙니다. 우리가 실제로 서로 사랑하는 법을 배우는 것은 그리스도를 본받음으로써 우리의 성품과 그리스도를 닮아가는 성장과 성숙이 실제로 일어나는 것입니다.

결혼은 남자와 여자 사이의 상호 보완성, 즉 그들의 고유한 재능과 인생 경험의 조화를 활용하여 자녀 양육에 이상적인 고유한 환경을 제공합니다. 자녀 양육에 남녀 모두 참여하는 부모는 자녀에게 큰 이점이 있습니다. 이는 연구 [5]에 의해 뒷받침되며, 일반적으로 동성 양육에 관한 연구도 단일 연구에서 다음과 같은 주장을 하기에는 실증적이지 않습니다.

레즈비언 및 게이 부모는 이성애 부모의 자녀에 비해 상당한 측면에서 불이익을 받습니다[6]. 자녀는 하나님의 기업입니다(시 127:3). 양육은 아버지와 어머니 모두의 책임입니다. 자녀 양육의 책임을 회피하지 말고 하나님께서 맡기신 어린 생명을 잘 관리하는 청지기가 되어야 합니다.

결혼은 쉬운 관계가 아니며 독신보다 우월하거나 만족스러운 삶을 위해 필요하다고 여겨져서는 안 됩니다. 마태복음 19:4-12절에서 예수님은 이혼이 하나님의 뜻이 아니며 가볍게 여겨서는 안 된다는 제자들의 결론에 대해 '결혼하지 않는 것이 낫다'고 반박하지 않으셨습니다. 결혼과 독신은 모두 장단점이 있으며, 각각의 길로 하나님에 대해 증거할 수 있고 개인이 충만한 삶을 영위할 수 있기 때문에 어느 쪽도 우월하지 않습니다.

결혼한 부부는 서로에 대한 신실함과 헌신을 본받음으로써 세상에 하나님을 증거합니다. 성은 또한 결혼이라는 맥락에서만 허용되기 때문에, 결혼은 또한 새로운 인간 생명을 낳을 수 있는 하나님의 창조 능력을 엿볼 수 있는 유일한 방법입니다.

반면에 독신자들은 하나님께 충실하고 순결하게 남아 있기로 선택함으로써 하나님만으로 참으로 충분하며 그들은 하나님과 그분의 백성을 섬기기 위해 모든 시간과 자원을 관리하게 됩니다. 독신은 배우자나 가족이나 결혼 생활에서 흔히 볼 수 있는 다른 일에 관심이 없습니다. 그들은 또한 결혼 관계가 끝나는 천국을 미리 맛보게 됩니다.

어떤 길도 다른 길보다 작지 않으며, 어느 길을 다른 길보다 미화하지 않는 것이 중요합니다. 결국 결혼을 하든 독신으로 남든 하나님을 추구하고 그분이 우리의 길을 인도하시도록 하는 것이 가장 좋습니다.

결혼의 도덕성

도덕성의 문제를 고려할 때마다 우리는 '선과 악'에 대한 이해를 구축하는 토대를 명확히 해야 합니다. 크리스천의 경우 도덕성을 이해하기 위해 성경을 참조합니다. 하나님은 우리의 성과 결혼을 포함한 모든 것의 창조주이시기 때문에 선한 것과 나쁜 것이 무엇인지 정의하십니다.

하나님에 대한 반역을 반영하는 것들은 결국 우리에게 해를 끼칠 뿐입니다. 번영/해로움은 하나님의 지혜와 그분의 도덕 기준에 대한 순종/불순종의 열매를 엿볼 수 있게 해주는 대용물일뿐 입니다. 궁극적으로 그분의 말씀은 성령의 인도와 확신으로 견인되는 우리의 도덕적 나침반이 되어야 합니다.

도덕성을 위한 대체 표준 – 동의

어떤 사람들은 동의가 결혼의 도덕성에 관한 문제의 전부라고 주장합니다. 그러나 동의는 우리가 결정/행위의 도덕성을 평가할 수 있는 최고의 요소가 아닙니다. 우리의 평가에서 쉽게 동의를 능가할 수 있는 다른 많은 요소가 있습니다.

예를 들어, 자신의 투표권을 다른 사람에게 판매하는 것에 동의할 수 없습니다. 이는 동의했음에도 불구하고 무책임하고 부정직한 행위입니다. 어느 한 사람이 [7] [8]에 의해 먹는 것에 동의할 수 없습니다. 불행히도 실화입니다만 식인종 문제도 마찬가지입니다.

동의는 우리의 도덕성을 평가하는 요소가 될 수 있지만, 도덕적 위반의 결정적 요소로 사용되는 것은 행위 자체가 문제가 없거나 도덕적인 경우에만 제한되며,

동의가 주요 고려 요소가 아니라 최종 고려 요소가 됩니다. 따라서 동성애 행위나 동성 관계가 그 자체로 도덕적인지에 대한 논의에서 '동의'는 논의와 거의 관련이 없습니다.

공공기관으로서의 결혼

법률은 결혼이 사적인 일 이상이기 때문에 규제합니다. 건강한 결혼과 가정은 사회의 중요한 초석이 됩니다. 그러므로 결혼과 자녀 양육은 공익의 문제입니다. 이러한 이유로 부부 사이에 상호 합의에 따라 보호와 질서를 보장하고 부모가 자녀를 돌볼 책임을 지는 법이 제정되었습니다.

싱가포르에서는 정부가 결혼한 이성애 커플을 위한 보조금과 기타 여러 보육 혜택(예: 주택, 베이비 보너스, 육아 휴직 등)을 제공하여 가족을 지원하기 위한 적극적인 조치를 취했습니다. 이는 모든 시민의 권리가 아니라 자녀를 양육하는 새로운 가족 단위를 형성할 가능성과 책임을 지고 있는 시민에게 주어지는 특권이자 도움입니다.

결론/생각

앞에서 말한 모든 것에 대해 성경적 관점에서 볼 때 동성에게 끌리는 모든 형태의 만족은 하나님의 계획과 의도에 부합하지 않는다는 것이 분명합니다. 크리스천에게 결혼의 정의는 이성 커플에게만 해당되는 정의입니다.

결혼은 자아실현의 수단이 아니라 상호 자기 희생, 무조건적인 사랑, 서로(그리고 자녀가 있는 경우)에 대한 헌신의 장소라는 점을 기억하는 것이 중요합니다. 요컨대, 결혼은 독신과 마찬가지로 결코 '나'에 관한 것이 아닙니다. 우리의 생명은 십자가에서 값비싼 대가로 우리를 구속하신 주님의 것입니다.

따라서 동성 동거는 권장되지 않으며 동성 결혼은 불가능합니다. 성경과 기독교 전통은 결혼에 대해 매우 분명하지만 최근에 이 견해를 바꾸려는 시도를 봅니다. 어떤 이들은 목회자들이 동성 결혼을 포함하고 인정하도록 강요하기 위해 일관성 없는 주석으로 논쟁을 시도했습니다.

결혼은 그것을 창조하시고 제정하신 하나님에 대한 고의적인 불순종입니다. 그러므로 동성 관계 추구를 지지하는 것(Q18 참조)도 크리스천들에게(아무리 선의가 있더라도) 문제가 될 것입니다.

제도로서의 결혼은 사회에서 중요한 역할을 하기 때문에 남녀로만 한정되는 가족 단위를 법으로 명확하게 정의하고 규제할 필요가 있습니다.

사역을 위한 조언:

- 성경에서 결혼의 정의와 목적에 초점을 맞춥니다.

  ≫ 결혼의 기원과 역사적/사회적 목적에 대한 논쟁에 휘말리지 마십시오(다루기 쉽지 않고 실제로 관련성이 낮습니다).
  ≫ 성경에서 뿌리깊은 크리스천의 설명과 관점을 제공하는 데 중점을 둡니다.
  ≫ 목회자는 하나님의 안수받은 사역자이며 그분을 섬겨야 합니다.
  ≫ 목회자는 동성 결혼에 대한 상담이 있는 경우 성경적 관점에서 답변해야 합니다.

- 결혼이 외로움의 치료제가 아니라는 것도 설명할 기회를 가지십시오.

  ≫ 오직 신만이 가장 깊은 욕구를 충족시킬 수 있습니다
  ≫ 결혼은 자아실현을 위한 것이 아니며 만족스러운 삶을 위해 필요한 것이 아닙니다. 예수님 자신은 미혼이셨지만 그 자신은 하나님 앞에 완벽하셨습니다.

- 하나님을 위한 독신의 혜택을 공유하십시오.

  ≫ 세상의 염려 없이 하나님을 추구하는 능력을 얻을 수 있습니다.
  ≫ 결혼한 사람들은 즐길 수 없는 경험입니다.

참조:

[1] It's Time To Legalise Polygamy, 2015, https://www.politico.com/magazine/story/2015/06/gay-marriage-decision-polygamy-119469, accessed 10 Aug 2020

[2] Massachusetts Town Legalises Polygamy Using Same Arguments For Gay Marriage, 2020,https://thefederalist.com/2020/07/21/massachusetts-town-legalizes-polygamy-using-same-arguments-for-gay-marriage/, accessed 10 Aug 2020

[3] Is It Legal To Marry Animals And Inanimate Objects?, 2019, https://metro.co.uk/2019/07/31/legal-marry-animals-inanimate-objects-10493582/, accessed 10 Aug 2020

[4] Creator Of Lifelike Robot Thinks Humans Will Marry Droids By 2045, 2018, https://nypost.com/2018/05/24/creator-of-lifelike-robot-thinks-humans-will-marry-droids-by-2045/, accessed 10 Aug 2020

[5] Gender Matters, 2017, https://thembeforeus.com/gender-matters-2/, accessed 10 Aug 2020

[6] Growing up with gay parents: What is the big deal?, 2015, https://www.ncbi.nlm.nih.gov/pmc/articles/PMC4771005/pdf/lnq-82-332.pdf, accessed 10 Aug 2020

[7] Victim Of Cannibal Agreed To Be Eaten, 2003, https://www.theguardian.com/

world/2003/dec/04/germany.lukeharding, accessed 10 Aug 2020

[8] German Court Rejects Cannibal's Appeal For Suspended Sentence, 2018, https://www.reuters.com/article/us-germany-crime-cannibal/german-court-rejects-cannibals-appeal-for-suspended-sentence-idUSKCN1MF1CJ, accessed 10 Aug 2020

참조:

- Center for Faith and Sexuality - Pastoral Paper 13 "The Bible, Polyamory, and Monogamy", and Pastoral Paper 5 "15 Reasons for Affirming Same-Sex Relations - and 15 Responses", https://www.centerforfaith.com/resources, accessed 15 Nov 2020
- Holy Sexuality and the Gospel, 2018, Dr. Christopher Yuan, https://g.co/kgs/M69cir, accessed 15 Nov 2020
- Focus on the Family, https://www.family.org.sg/, accessed 15 Nov 2020
- Parenting resources by AXIS, https://axis.org/, accessed 15 Nov 2020

The Meaning of Marriage, 2011, Timothy Keller, https://g.co/kgs/8316GA, accessed 15 Nov 2020

질문 18
크리스천은 사랑하도록 부름 받은 것 아닙니까?
왜 우리는 동성애를 받아들일 수 없습니까?

신속한 답변:

크리스천들이 입장을 완곡하게 하고 교회에서 동성애를 받아들이는 이유는 언제나 공감과 관용입니다. 우리가 동성애를 인정하고 받아들이지 않는 이유는 사랑과 연민 때문입니다. 누군가를 사랑한다는 것은 그들을 보호하고 그들에게 가장 좋은 것을 제공하는 것입니다. 여기에는 사람을 위험으로부터 보호하고 가능한 한 최선을 다하는 것이 포함됩니다. 따라서 우리는 그 사람을 사랑하기 때문에 해롭거나 위험을 동반하는 동성애 행위와 행동을 긍정하거나 권장할 수 없습니다.

사랑과 긍정 – 같은 뜻입니까?

누군가를 사랑한다는 것은 그들을 보호하고 그들에게 가장 좋은 것을 제공하는 것입니다. 여기에는 사람을 위험으로부터 보호하고 가능한 한 최선을 다하는 것이 포함됩니다. 기독교 세계관에서 모든 사람은 본질적으로 가치가 있지만 모든 행동이 본질적으로 선하거나 중립적이지는 않다는 것도 이해합니다. 따라서 우리는 그 사람을 사랑하기 때문에 해롭거나 위험을 동반하는 동성애 행위와 행동을 긍정하거나 권장할 수 없습니다.(Q9 및 Q10 참조)

우리는 성경에서 간음, 도둑질, 살인, 기타 죄와 같은 해로운 행위를 지지하지 않는 것과 마찬가지로 동성애적 행동과 행위를 지지하지 않는 것입니다. 해로운 것을 지지하지 않는 것이 사랑의 한 측면이고, 또 다른 사랑의 측면은 생명을 위한 하나님의 설계를 존중하는 방식으로 우리의 성을 포용하고 실천하도록 서로 격려하는 것과 같이 생명을 위한 하나님의 설계를 향해 서로에게 생명을 주는 것들을 지지하는 것입니다. 성적 관심은 실제로 가능한 선택은 두 가지뿐이며 이성애자에게도 적용됩니다. 독신의 순결, 결혼의 충실함입니다.

이것들 이외의 모든 것은 먼저 개인에게 해를 끼칠 뿐이고 그 다음에는 그들을 사랑하는 사람들 에게 해를 끼칠 것입니다.

크리스천들은 절대적으로 사랑하라는 부름을 받았습니다. 인류를 해로움으로부터 보호하고 다른 사람을 우리보다 낮게 여기며(빌립보서 2:1-4), 서로에게 가능한 최선의 보살핌을 제공하는 것입니다. 해로운 것을 받아들이거나 도움이 되는 것을 장려하지 않는 것 모두 사랑이 아닙니다.

하나님의 사랑 모델

크리스천들에게 사랑의 정의는 바로 하나님의 인격 안에서 발견됩니다. 요한일서 4장 10절은 "사랑은 여기 있으니 우리가 하나님을 사랑한 것이 아니요 오직 하나님이 우리를 사랑하사 우리 죄를 위하여 화목제로 그 아들을 보내셨음이니라"고 말씀합니다. 이 구절이 말하는 것은 하나님의 행위가 그분의 사랑의 성품을 드러낸다는 것입니다. 우리가 어떤 요구 사항을 이행했거나 우리가 먼저 하나님께 사랑을 표현한 후에 그분이 인류를 사랑하기로 결정하신 것이 아닙니다. 오히려 하나님의 사랑의 성품은 우리의 죄(하나님께 대한 우리의 불순종)에서 우리를 구원하기 위해 그분의 아들 예수 그리스도를 어떻게 보내셨는가에서 입증됩니다.

하나님은 우리를 사랑하시고 우리를 인간으로 만드셨습니다. 그분은 우리 자신의 유익을 위해 금지하거나 피해야 할 것을 포함하여 우리에게 가장 좋은 것이 무엇인지 아십니다. 하나님은 사람을 너무나 사랑하시고 의로우시기 때문에 그분과 우리를 분리시키고 우리에게 상처를 주는 죄를 미워하십니다. 죄의 끝은 해로움, 파괴, 심지어 죽음(영적, 정신적, 육체적)입니다.

우리 모두가 죄를 지었지만 하나님은 죄의 손아귀와 영향력보다 강하십니다. 그분의 사랑은 결코 실패하지 않으며, 그분은 "동이 서에서 먼 것 같이" 우리에게서 죄를 제거하시면서 우리를 죄에서 구속하실 수 있습니다. 예수를 믿는 모든 사람은 자비와 용서와 힘과 인도하심을 얻어 하나님과 함께 올바르게 살게 될 것입니다. 이를 위하여 예수님께서 우리 가운데 오셔서 우리를 위하여 죽으시고 부활하신 것이 복음입니다.

우리가 여전히 잘못된 상태에 있는 동안 하나님은 우리와 그분과의 관계가 회복되기를 원하셨고 회복을 위한 오직 유일한 방법, 그분의 아들을 희생하셨습니다.

바로 이 사랑이 크리스천이 믿는 바요, 하나님과의 관계에서 경험하고, 우리가 그렇게 살기를 열망하는 것입니다. 이와 같이 크리스천의 사랑은 항상 최고, 특히 다른 사람을 위한 최고의 사랑으로 향하기 위해 노력합니다. 그렇기 때문에 해로운 동성애에 관해서 크리스천들이 긍정하거나 권장하지 않는 것이 바로 참

사랑을 하는 것입니다.

사랑한다는 것은 삶의 좋은 점과 나쁜 점을 모두 다루면서 그 사람과 함께 걷는 것이며, 나쁜 점으로부터 그들을 보호하고 좋은 점을 제공하기 위해 최선을 다하는 것입니다. Q23에서 '진실과 사랑'에 대한 다른 두 가지 일반적인 접근 방식과 이야기들을 살펴봄으로써 이를 더 자세히 살펴봅니다.

고착이 아닌 긴급대응

어떤 사람들은 이렇게 물을 수 있습니다. 우리와 하나님사이에, 왜 동성애만 따지느냐"고 반문했다. 이러한 질문은 크리스천들이 동성애에 집착하고, 사람들에게 해를 끼치는 다른 많은 죄들(예: 간음)을 무시하면서 동성애에만 집중하고 증폭시키는 데 일관성이 없다고 느끼는 데에서 기인합니다.

모든 사람은 시간과 자원이 한정되어 있기 때문에 사안의 중요성과 긴급성에 따라 대응하고 행동 하는 것이 현명합니다. 생각해 봅시다. "만약 숲에 불이 나면 당신은 불을 끄는 것에 대해서 이야기 하겠습니까? 아니면 숲을 보존 하는 것에 대해서 이야기 하겠습니까?" 둘 다 중요하지만 화재 상황의 긴급성으로 인해 집중과 조치가 필요합니다.

LGBTQ 행동주의는 동성애를 정상화할 뿐만 아니라 이를 기념하기 위해 성도덕에 대한 인간의 이해를 완전히 바꾸려고 합니다. 이것들은 우리가 하나님과 그분의 말씀에 신실하기를 원한다면 크리스천들이 할 수 없는 일들입니다. 따라서 현 시대에 이 문제의 중요성을 감안할 때 해결해야 합니다. (Q11도 참조).

사람을 받아들이는 것이 옹호하는 것을 의미하지는 않습니다

- 수용하기

옹호라는 오해를 버리십시오. 하나님은 우리를 있는 그대로 받아들이시지만 우리가 생각 하거나 품고 있는 모든 욕망과 생각을 지지하지는 않습니다. 그분의 모범을 따라봅시다. 길을 알고, 길을 보여주고, 길이 되십시오.

- 길을 알기

그리스도 안에서 우리의 정체성과 더 나아가 우리의 성에 관하여 성경에서 발견되는 하나님의 교리와 표준을 공부하십시오. (Q11, Q17 및 Q23 참조)

- 길을 보여주기

실제로 사람들을 사랑하십시오. 그냥 앉아서 멀리서 서로 판단하지 마십시오. 동일한 인간으로서 그들에게 관심을 가지십시오. 그들에게는 삶이 있고 공유할 이야기와 경험이 있습니다. 모든 사람이 하나님의 형상으로 창조되었기 때문에 모든 사람이 본질적인 가치가 있고, 모든 사람이 하나님의 영광에 이르지 못하며, 모든 사람이 길이요 진리요 생명이신 예수 그리스도 안에서 구원을 찾을 수 있다는 것을 이해하도록 그들을 사랑하는 데 집중하십시오.

• 복음에 있는 '크리스천의 소망'을 그들과 나누십시오. ['Q1 및 Q32의 스크립트']

- 길이 되기

예수님께서 우리를 위해 하신 것처럼 그 길의 모범을 보이면서 하나님을 크게 경외하며 우리의 삶을 사십시오. 그가 거룩하신 것처럼 거룩하게 되십시오(벧전 1:15-16). 책임감을 갖고 우리의 투쟁에 대해 공개하십시오. 교회는 부끄러운 일이 없는 곳이어야 합니다. 대안이 있다는 것을 사람들에게 보여주기 위해 우리의 삶을 사용하십시오! 자유를 찾고 육신의 정욕을 이겨내고 건전한 삶을 사는 길이 있습니다. 넘어지고 넘어지더라도 그리스도 예수 안에는 소망과 긍휼과 풍성한 은혜가 있습니다.

사역을 위한 조언:

• 대화를 시작하는 방법:

≫ 그 사람의 입장을 더 잘 이해하기 위해 몇 가지 개방적인 질문으로 시작하십시오. "사랑/수용이란 무엇을 의미합니까? 당신이 이해하고 있는 사랑/수용의 의미를 저와 공유해 주시겠습니까?"

≫ 진심으로 들으면서 성령께서 더 깊은 대화로 이끌어 주시는 "깃발"이 되어 주실 것을 신뢰하십시오. 예: "사람을 사랑한다는 것은 그 사람을 있는 그대로 받아들이는 것입니다" 여기서 "깃발"은 "수용"으로 정의되어야 합니다. 그리고 "이 사람이 누구인지"를 이해하려면 어떻게 해야 합니까?

≫ 상대방이 이해하는 '수용'과 '개성'의 의미가 무엇인지 살펴보고 명확히 하십시오.

• 행위는 개성과 같지 않음을 기억하십시오.

≫ 사람의 습관과 생각은 우리가 판단하는 것입니다. 우리는 사람의 가치를 판단하지 않습니다

≫ 어떤 사람은 이렇게 말할 수 있습니다. -> "사람을 사랑한다는 것은 그들이 무엇을 하든 수용하는 거야!" -> 우리는 그 진술이 사실인지 여부를 조사하기 위해 명확한 설명과 대안적인 예로 후속 조치를 취할 수 있습니다.

≫ 예: "정말요? 자, 우리 정말 편해졌어요? 마지막으로 당신이 누군가에게 동의하지 않은 것이 언제예요? 사람들은 우리가 동의하지 않는 방식으로 행동합니다. 그쵸? 그래서 당신은 이 사람이 인격/가치적인 면에서 반드시 사악하거나 나쁘다고 결론을 내립니까?"

• 보다 큰 그림을 그려라

≫ 그 사람이 객관적인 도덕 기준을 세우기 위한 대화에 대해서 마음이 열려 있는지 확인하십시오. 즉, 옳고 그름은 우리 자신의 개인화된 선호도를 벗어났느냐에 기준점이 있습니다.

• '죄인을 사랑하고 죄를 미워하라'는 말을 피하십시오.

≫ 이론적으로는 사실이지만 믿지 않는 자들은 이 말을 이해하기 어렵습니다.

≫ 동성애 성향을 가진 사람의 경우 성적 매력과 자신의 핵심 정체성을 분리하는 것이 쉽지 않을 수 있으므로 이러한 문구는 진부한 것으로 간주되고 넓게는 오해되어 관계가 깨질 수 있습니다(불행히도).

≫ 이 주제는 인내심과 사랑이 필요합니다!

• 오래 참고 친절하게

≫ 종종 많은 동조자, LGBTQ 활동가 또는 동성애 성향을 경험하는 사람들은 동성애 성향을 핵심 정체성과 분리할 수 없기 때문에 크리스천이 동성애자를 싫어한다고만 인식하게 됩니다.

≫ 오해를 받기 쉬우므로 항상 제한없이 용서하십시오

≫ 기회가 주어진다면 그들이 어디에서 왔는지 알 수 있도록 대화에 참여시키고, 그들이 열려 있는 경우 당신의 입장을 설명할 수 있도록 하십시오.

• 토론이 삼천포로 빠지기 시작하면 핵심을 기억하십시오. 크리스천은 우리(인간)를 설계하고 우리에게 가장 좋은 것을 주시기 원하시는 사랑의 하나님을 믿습니다.

• 우리에게 가장 좋은 것은 하나님께서 우리에게 주신 삶의 계획에 따라 사는 것입니다. 그 삶의 계획에 어긋나는 것은 무엇이든 우리에게 해롭기 때문에 우리는 그것을 받아들일 수 없으며 그러한 행동/삶의 방식을 승인하

거나 사랑할 수 없습니다.

> 그럼에도 불구하고, 그러한 행동이나 삶의 방식을 추구하는 사람들을 위해 우리는 계속해서 그들을 사랑하고 그들에게 손을 내밀며, 항상 우리를 하나님과 더 깊은 관계로, 그리고 삶을 위한 하나님의의 계획으로 회복시키려는 그분의 마음과 손길을 나타내야 합니다.

> 상처받은 자를 보호하고 필요를 공급하는 것 모두 크리스천이 동성애 성향과 싸우거나 사실상 다른 어려움을 겪고 있는 사람들을 진정으로 사랑하는 방법입니다.

• 우리가 모든 것을 알지는 못하지만 기꺼이 배울 것임을 겸손하게 인정합니다.

> 그들이 함께 진실을 찾도록 격려합니다.

> 설득하려고 노력하되 반드시 설득하려 하지 마십시오. 그리고 동의하는 것은 그리 쉽지 않을 수도 있습니다(사실 매우 드뭅니다)

> 그들이 설득되지 않으면 그대로 두도록 하십시오. 동의하지 않지만 여전히 관계를 유지하는 것에 동의하십시오.

• 사람들이 예수님을 주목하도록 하십시오. 사람들에게 다른 일련의 규칙과 규정을 지시하지 마십시오. 사람은 공부/지식과 설득력 있는 말만으로 변하는 것이 아닙니다. 사람은 하나님이 눈을 뜨게 하시고 자신에게로 인도하시기 때문에 변화됩니다.

• 하나님을 공경하는 건강한 성에 대해 더 알아보기

https://evangelicalfocus.com/lifetech/2932/Our-sexuality-is-rooted-in-the-nature-of-God-himself-because-God-made-us-in-His-image%E2%80%9D-

질문 19
성에 관한 주제 때문에 사람들의 기분을 상하게 한다면 그들을 하나님으로부터 멀어지게 하는 것이 아닙니까?

신속한 답변:

우리는 신실한 증인이 되어 '잃어버린 자를 얻기'를 바라며 세심하게 치료하는 것이 아니라 있는 그대로의 복음을 전파하도록 부름 받았습니다. 복음은 우리 모두가 얼마나 죄인이며 하나님의 용서와 우리의 구주이신 예수님이 필요한지를 말하기 때문에 불편할 수 있습니다. 힘들게 느껴지더라도 우리는 하나님에 대한 믿음을 가져야 하며 구원하시는 분은 우리가 아니라 그분이심을 기억해야 합니다.

십자가의 메시지가 듣는 사람에게 불쾌감을 줄 수 있지만(고린도전서 1:18) 우리는 우리의 말과 행동으로 인한 상처를 주어서는 안 됩니다. 복음을 전하면서 성령의 열매를 맺는 것은 가능하며 크리스천으로서 우리의 소명입니다.

사랑 없는 진리는 진리가 아니며. 진리 없는 사랑은 사랑이 아닙니다. 우리는 사랑 안에서 진리를 나누어야 합니다.

전도에 대한 크리스천의 딜레마

어떤 크리스천들은 동성애에 대한 기독교적 이야기 때문에 사람들을 불쾌하게 하거나 멀어지게 하는 것에 관심을 가질 수 있으며, 그것을 죄라고 부르며 교회 내에서 복음을 인정하기를 꺼려 합니다. 이러한 관심은 종종 전도에 대한 선한 마음에서 비롯됩니다. 즉, 사람들이 어쨌든 죄를 선택하기 때문에 관계를 유지하기 위해 그들의 삶의 양식을 무시/수용하거나 그것에 대해 이야기하는 것을 피하는 것이 최선이라고 믿는 것입니다. 그것에 대한 결과로 다음과 같이 생각할 수 있습니다.

"우리는 수용적이고 더 관대해져야 합니다. 그리고 이것이 "죄인"을 사랑하고 우정/관계를 유지하는 것을 의미합니다. 만약 그 사람이 언젠가 그리스도를 알기 원한다면, (우리가 우정을 유지했기 때문에) 복음을 전할 길이 있습니다."

불행하게도, 이러한 관점은 성경적인 전도에 대한 어떤 오해를 품고 있습니다. 우리는 누군가의 남편/ 아내인 친구가 간음을 범하고 있는 것을 알고 있다면 관대하고 수용적인 생각이나 이유를 적용하지 않을 것입니다. 앞으로의 전도를 위해 '관계 유지'를 바라며 이런 행동을 용납하지 않습니다. 그것은 이러한 죄들로 인해 영향을 받는 다른 이해 관계자들과 잘못된 것을 진정으로 알지 못할 수도 있는 이 친구에 대한 어리석음이요 부당함입니다.

우리는 전도에 대해 다음을 기억해야 합니다.

1. 구원은 우리의 것이 아니라 하나님께 속했고 그분의 시간 안에 있다.

크리스천으로서 우리는 우리 자신을 구원할 수 없다는 사실을 인식할 뿐만 아니라 우리는 또 한 친구를 구할 능력이 없음을 알아야 합니다. 우리가 그 사람의 행복을 염두에 두고 그들이 그리스도를 알게 되도록 끊임없이 기도해야 하는 것은 사실이지만, 그 기다림이 얼마나 오래 걸릴지 또는 그 사람이 어떻게 그리스도께 돌아올 수 있을지는 결코 알 수 없습니다.

우리는 하나님이 구원하실 수 있는 능력이 있으시며, 종종 구원은 죄책감과 함께 또는 죄책감을 통해서도 온다는 것을 믿어야 합니다. 이는 매우 불편하거나 불쾌할 수 있습니다.

2. 예수님의 모범

나중에라도 예수님에 대해 이야기할 수 있는 관계를 유지하고 싶다는 것은 좋은 생각입니다. 그러나 명백한 죄를 허용/용인함으로써 타협하는 것은 하나님의 거룩함과 기준에 미치지 못한 복음이 될 것입니다. 소금이 짠맛을 잃으면 어디에 쓰겠습니까? 우리가 누구와 이야기하느냐에 따라 우리의 입장을 번복한다면 크리스천을 제자로 삼거나 심지어 복음을 나누는 우리 자신의 신뢰도를 약화시키는 것입니다. 거룩함이 없이는 아무도 하나님을 볼 수 없습니다(히 12:14).

우리의 대표적인 모범이신 예수님을 봅시다. 부자 청년 관원과 이야기하실 때(마태복음 19:16-26), 그분은 자신의 가치관을 타협하지 않으셨고, 그 청년이 화를 내며 외면할 것을 알면서도 요구되는 말씀을 하셨습니다.

예수님은 그를 달래려고 하지도 않으셨고, 젊은 관원이 주변에 머물면서 그의 말을 듣거나 즉시 따르기를 바라며 관계를 유지하기 위해 십계명을 적당히 에두르며 말씀하지도 않으셨습니다. 예수 그리스도는 하나님과 우리 사이의 영적 관계를 놓는 분이십니다. 그분은 거룩합니다. 그는 거룩 그 자체입니다.

3. 신실한 증인으로 복음을 전함

우리는 신실한 증인이 되도록 부름을 받았기 때문에, 죄에 대해 있는 그대로 이야기하는 것을 피하는 것은, 심지어 매우 동정적인 이유라도, (의도하지 않았음에도) 거짓된 복음 메시지를 전하는 것과 마찬가지로 전혀 사랑하지 않는 것입니다.

복음의 핵심 메시지는 "당신은 타락한/불의한 사람임을 인정하고 모든 것을 값없이 용서하시는 그리스도께 나아오라"는 것입니다. 그러므로 우리가 거룩함에 대해 타협한다면, 아무도 그들이 어떻게 타락했는지 알 수 없으며, 따라서 그들이 그리스도께 나아가야 할 필요성을 깨닫지 못합니다.

우리는 신실한 증인으로서 복음을 있는 그대로 전할 필요가 있습니다. 우리가 원하는 대로 또는 신중하게 선별한 대로 복음을 전하는 것이 아닙니다. 십자가의 도, 즉 복음은 멸망하는 자들에게는 미련한 것이요 구원을 얻는 자들에게는 능력이라(고전 1:18)는 말씀을 믿어야 합니다. 우리는 하나님을 신뢰해야 합니다.

범죄는 어떻습니까?

사람들을 화나게 하고 하나님에게서 멀어지게 하는 것에 대한 두려움은 우리가 다른 사람의 구원에 책임이 있고 통제할 수 있다는 오해에 뿌리를 두고 있습니다. 우리는 관계를 유지함으로써 이 사람들이 하나님을 필요로 하는 시기 또는 하나님을 찾을 때 우리에게 올 수 있다고 생각할 수 있습니다. 그러나 이것은 실현되지 않을 가능성이 큰 가정입니다.

그들이 도움이 필요하고 처음부터 복음에 대한 관심이나 배려가 없다면, 우리 크리스천들은 그들이 도움과 긍정을 위해 접근할 마지막 사람이 될 것입니다. 원치 않는 동성애 성향을 경험하고 있다고 느끼는 사람들은 이 주제에 대해 일관적이면서도 온화하게 접근한 크리스천에게 접근할 것입니다. 그러므로 하나님을 신뢰하고 복음의 신실한 증인이 되는 것이 더 지혜로운 일입니다.

메시지와 메신저

이제 신실하고 사랑이 넘치는 증인이 되면, 우리가 불쾌하거나 불쾌하게 하는 것과 복음 메시지가 불쾌하게 하거나 불쾌하게 하는 것 사이에는 미묘한 차이가 있습니다. 우리는 공격적이고 모욕적인 사람이 되지 않고도 동성애에 대한 기독교적 견해를 유지할 수 있습니다.

우리는 복음을 전할 때 반드시 우리 자신의 생각과 말과 행동을 분별해야 합니다. 우리는 마음으로 하나님을 경외하고 그리스도 안에 있는 소망의 증거를 준비하며 온유와 존경함으로 깨끗한 양심을 가지고 행해야 합니다 (벧전 3:15~16).

당신이 이야기하고 있는 사람 역시 하나님의 형상으로 만들어졌으며 아무리 많은 불일치가 있더라도 본질적인 가치가 있음을 항상 기억하십시오. 하나님을 경외하고 그 사람을 계속 사랑하고 인내하십시오. 부드러운 어조와 자세를 유지하십시오. 당신의 연설이 존경과 진실로 가득 차게 하십시오. 숙제를 하십시오. 읽고, 연구하고, 토론하고, 믿음과 입장에 대한 합당한 이유를 제시할 준비를 갖추십시오. 당신이 사랑스러운 방식으로 당신의 입장에 대해 합당한 설명을 한 후에도 그 사람이 여전히 기분이 상한다면, 그들은 당신이 아니라 당신의 메시지에 기분이 상한 것입니다. 이것은 우리가 통제할 수 없습니다. 그것은 순전히 그 사람 자신의 선택이며, 그것이 불편할지라도 그들의 구원을 위해 하나님을 믿고 신뢰해야 합니다.

사역을 위한 조언:

• 항상 사람들의 죄에 대해 이야기하지 마십시오.

≫ 여기서 요점은 죄를 있는 그대로 말하는 것입니다. 즉, 죄 많고 하나님에 대한 반역이며 항상 죄에 대해 말 하는 것이 아닙니다. 짜증나고 대화와 연관 없는 경우가 있습니다.

≫ 우리는 죄에 관한 성경적 입장을 취하는 것을 두려워해서는 안 되지만, 사람을 판단하는 일을 해서는 안 됩니다.

≫ 우리는 모두 오직 믿음을 통해 은혜로 의롭게 된 죄인입니다.

• 사랑을 기억하세요

≫ 사랑은 자신의 유익을 구하지 아니하며 심지어 대적을 모욕하고 조롱하는 것을 기뻐하지 않습니다.

≫ 사랑은 사랑하는 사람의 최고를 원하고 교만하지 아니하며 덕을 세우기를 구합니다. 그 사람을 멸망시키려 하지 말고(고전 13:4-7)

• 스스로 신실한 크리스천이 되십시오

≫ 부지런한 성경 공부, 계속 배우고자 하는 의지, 겸손, 거룩함에 대한 헌신 - 이것들은 우리가 사랑 안에서 진리를 말하는 데 큰 도움이 되는 크리스천으로서의 필수 요소입니다.

≫ 우리는 말과 행동으로 복음의 좋은 증인이 되어야 합니다.

질문 20
내가 동성에게 매력을 느끼더라도 하나님은 여전히 나를 사랑하십니까? 동성 파트너가 있으면서도 독신과 거룩함을 유지할 수 있습니까?

신속한 답변:

그렇습니다. 유혹을 받는 것은 죄가 아니기 때문에 동성의 끌림을 경험하더라도 하나님은 여전히 당신을 사랑하십니다. 이것은 신실한 크리스천이 남은 생애 동안 포르노를 보려는 유혹과 씨름 하는 것과 같은 시나리오입니다.

아니오. 낭만적으로 관련된 동성 관계는 동성의 끌림이 제시하는 유혹에 굴복하는 것을 포함하기 때문에 하나님의 거룩하심과 일치하지 않습니다. 관계에 '로맨틱' 요소가 없다고 주장한다면 왜 동성 관계라고 부릅니까? 강한 플라토닉 우정에 지나지 않습니다.

거룩함은 하나님의 조건에 있어야 합니다. 결정이나 생각이 거룩한지 평가하기 위해 우리는 그 궤적의 끝을 살펴봐야 합니다. 동성의 끌림의 궤적을 추적함으로써 우리는 그것을 추구하는 끝이 하나님께 거룩하지 않다는 것을 압니다. 따라서 우리는 궤적을 따라 생각조차 해서는 안 됩니다.

내가 동성애를 경험했어도 하나님은 여전히 나를 사랑하시는가?

우리 모두는 무언가와 싸우고 있습니다. 우리가 특정 유혹을 반복적으로 경험한다면, 특히 투쟁 하는 사람들은 결코 하나님께 받아들여질 수 없다고 주장하는 주류 문화에서 하나님이 여전히 우리를 사랑하고 받아들이시는지에 대한 의문과 씨름하는 시점이 우리 삶에서 올 수도 있습니다. 동성의 끌림(SSA)을 경험하는 사람의 경우와 같이 그러한 의문이 매일 반복되면 질문이 더 어려워집니다. 성경적 관점에서 동성의 끌림을 재조명함으로써 명료함을 얻을 수 있습니다.

동성에게 끌리는 것은 죄인가?

동성에게 끌리는 경험을 하는 것이 잘못입니까? 다시 말해, 크리스천/성경적

용어로 동성에게 끌리는 것은 죄인가? 성경은 무엇이라고 말합니까? 4가지 참고 사항:

1. 성경은 동성에게 끌리는 것 자체에 대해 명시적으로 말하지 않습니다.
2. 동성간 성교는 죄악입니다(로마서 1:26-28, 레위기 18:22, 레위기 20:13, 디모데전서 1:10, 고린도전서 6:9).
3. 우리를 죄악된 행동, 즉 유혹으로 이끄는 나쁜 정욕이 있을 수 있습니다. (로마서 1:24-32).
4. 유혹을 받는 것은 죄가 아닙니다(히브리서 4:15).

동성에게 끌리는 것은 죄 자체보다 유혹의 한 형태에 훨씬 더 가깝습니다. 동성에게 끌리는 것과 이성에 대한 매력은 사람을 죄로 이끌 수 있습니다. 이성애자는 자신의 배우자가 아닌 사람에 대한 성적인 생각을 품거나 즐거워 할 수 있으며 그것은 죄입니다. 그러나 바로 그 사람이 자신의 십자가를 지고 이러한 유혹을 부인하고 성적인 생각을 추구하거나 상상하지 않고 죄에서 벗어날 수 있습니다.

마찬가지로 동성에게 끌리는 체험을 하고 추구하는 사람은 죄를 지었지만 추구하지 않는다면 아직 죄를 짓지 않은 것입니다. 그러므로 우리는 정신적으로나 육체적으로나 행동으로 나타나지 않는 동성에게 끌림 자체가 죄가 아니라는 결론을 내릴 수 있습니다. 동성에게 끌리는 유혹을 받는 이유는 무엇입니까? 그것을 추구하는 것이 죄인 이유는 무엇입니까?

죄의 궤적

욕망과 생각은 아직 죄를 짓지 않았는데도 그 자체로 죄가 될 수 있습니다 (마태복음 5-7장). 성경(야고보서 1:13-15)은 악한 욕망이 죄를 낳고 죽음에 이르게 한다고 말합니다. 어떤 생각이 경건한지 죄스러운지 평가하려면 그 궤적을 고려해야 합니다.

"사람이 시험을 받을 때에 하나님이 나를 시험하신다 하지 말라 하나님은 악에게 시험을 받지도 아니하시고 아무도 시험하지 아니하시느니라 그러나 각 사람이 시험을 받는 것은 자기 욕심에 끌려 미혹됨이니 욕심이 잉태 한즉 죄를 낳고 죄가 장성한즉 사망을 낳느니라" (야고보서 1:13-15)

유혹은 하나님으로부터 오는 것이 아닙니다. 왜냐하면 유혹은 우리를 하나님으로부터 멀어지게 하고, 하나님은 우리가 하나님과 화평하시기를 원하시기 때문입니다. 경험적으로, 우리는 또한 다른 사람들이 개인으로서 다른 유혹과 싸우고 있음을 쉽게 깨달을 수 있습니다.

왜 그렇습니까? 우리 모두는 우리를 향한 하나님의 뜻에 반항하는 다양한 길로 우리를 인도하는 타락한 본성을 가지고 있습니다. 우리 자신의 성향과 욕망은 죄로 인해 더럽혀졌기 때문에 우리는 저마다 다른 악한 성향이나 욕망을 가지고 있습니다. 유혹은 타락한 욕망/성향이 자극과 일치할 때만 강력합니다. 이것은 어떤 사람들은 자금을 횡령하려는 유혹에 별로 어려움을 겪지 않는 반면 다른 사람들은 그럴 수도 있는 이유를 설명합니다.

우리는 저마다 극복해야 할 어려움이 있습니다.

동성에게 끌리는 것은 우리를 향한 하나님의 갈망에서 우리를 멀어지게 하는 일종의 유혹입니다. 동성에게 끌리는 것을 추구함의 결말은 '게이 스크립트'(자세한 내용은 Q1 참조)에서 제안한 대로입니다.죄인 성욕에 따라 행동하십시오. 그러므로 동성에게 끌리는 것을 경험할 수 있는 다른 크리스천을 진심으로 돌보는 사랑하는 크리스천으로서, 우리는 낭만적인 관계를 맺거나 동성 활동에 참여하는 형태로 동성에게 끌리는 것을 추구하도록 장려할 수 없습니다 .

금욕/비성적 동성 관계는 어떻습니까?

'동성 관계'라고 하면 그 관계 안에 로맨스가 있어야 합니다. 게이 커플은 금욕을 유지하고 육체적으로 죄를 짓지 않기로 확실히 선택할 수 있습니다. 그러나 로맨틱한 관계는 섹스를 넘어서는 것입니다. 여기에는 SSA를 수용하고 그것을 추구하는 것(적어도 정신적으로, 가능하면 육체적으로 어느 정도)이 포함되어 어느 정도의 개인적인 즐거움을 줍니다.

'죄의 궤적'이라는 이해를 적용하면 모든 형태의 동성 연애는 죄가 됩니다. 동성 연애 관계에 참여하려면 SSA를 추구하고 이에 굴복해야 합니다. SSA를 우리를 위한 하나님의 계획의 일부로 받아 들이는 것은 성경이 그것에 대해 매우 분명하게 말했기 때문에 잘못된 것입니다. 고집은 독선과 비슷할 뿐입니다 (Q11, Q12 및 Q16 참조). 이것이 우리를 하나님에게서 멀어진 길로 인도할 뿐이라는 사실을 우리는 이미 확립했습니다. 더욱이 '금욕적인 동성 관계'를 유지하는 것은 위험할 정도로 죄에 가까이 가는 것입니다. 이성 커플도 마찬가지 입니다. 미혼 커플을 압도적인 성적 유혹의 장소에 두는 것을 피하기 위해 동거를 절대 권장하지 않습니다. 성적인 죄를 짓지 않을 만큼 항상 술에 취하지 않는다는 보장은 없습니다. 성경에는 이에 관한 현명한 가르침이 있습니다. 성적 부도덕을 피하십시오! (고린도전서 6:9).

잠시 멈추고 생각하는 것도 좋습니다. "게이 파트너란 무엇인가요?", "동성 관계를 금욕한다는 것은 무엇을 의미합니까?", "연애도 관련이 있습니까?" 만약 그 관계가 성적 긴장이나 로맨스가 없다면, 그 친밀감이 아무리 강렬해도, 그것은 정말로 강한 플라토닉 우정일 뿐입니다. 그것을 '동성애를 배척하는 관계'라고 부를 필요는 없습니다.

하나님의 사랑과 용납

하나님은 SSA를 가진 사람들을 사랑하십니까? 물론입니다! 유혹을 받는 것은 죄가 아니기 때문에 SSA를 경험하더라도 하나님은 여전히 당신을 사랑하십니다. 유혹에서 자유로운 사람은 없고 죄 없는 사람은 없습니다. 하나님은 죄인도 사랑하시고 기꺼이 회개하는 자를 용서하십니다(롬 5:8-10). 따라서 이것은 습관적인 음란물 소비자가 용서받을 수 있고 이러한 행동을 회개할 수 있는 것과 마찬가지로, 동성애 관계에 참여한 사람들도 용서받을 수 있고 대신 전심으로 하나님을 추구하기로 결정할 때 원치 않는 유혹에서 벗어날 길을 찾을 수 있음을 의미합니다 (고린도전서 10:13).

사역을 위한 조언:

- 사람은 자신을 향한 하나님의 선하심을 깨닫고 믿은 후에야 죄악된 관계에서 벗어나기를 선택합니다.

  ≫ 동성 관계에 대해 대화를 나누는 동안 그 사람의 감정을 존중하고 주의를 기울이는 것을 항상 기억하십시오

  ≫ 그 사람이 즉시 헤어지도록 강요하지 말고, 그 사람을 향한 하나님의 선한 소망을 이해하도록 부드럽게 인도하십시오.

  ≫ 그들에게 시간, 충분한 지원 및 경청 귀를 주십시오. 그들이 동성 관계에 대한 어려움을 기꺼이 털어놓는다면 그것은 당신에 대한 큰 신뢰의 표시입니다. 그/그녀에 대한 하나님의 사랑과 선하심을 발견하도록 돕기 위해 그를 동일하게 소중히 여기십시오.

- SSA로 어려움을 겪고 있다고 커밍아웃한 크리스천을 회중과 리더의 자리에서 즉시 배제하지 마십시오.

  ≫ 교회는 회원, 지도력 및 결혼에 관한 성경적 정책을 스스로 결정해야 합니다.

  ≫ 다른 죄/분쟁에 대한 교회 정책이 무엇이든, SSA와 씨름하는 사람들에게 동일한 책임, 기준, 규율 및 은혜를 적용하십시오.

질문21
무성애는 어떻습니까?

신속한 답변:

무성애자가 된다는 것은 성적 성향과 매력이 전혀 없다는 뜻입니다. 무성애는 종종 스스로 식별됩니다. 어떤 사람이 무성애자로 태어났는지 아니면 평생 그렇게 남을 것인지를 객관적으로 증명하는 것은 불가능하며, 이 점을 누구에게 증명하는 것도 중요하지 않습니다. 이 독신의 은사가 온 마음을 다해 하나님의 왕국을 섬기도록 관리된다면 무성애는 칭찬받을 수 있습니다.

로맨스와 섹스

어떤 사람들은 로맨스와 섹스가 별개의 것이라고 주장할 수 있습니다. 즉, 사람들이 로맨틱 끌림을 경험할 수 있지만 다른 사람에 대한 성적 끌림은 거의 또는 전혀 없을 수 있습니다. 우리는 이전에 '동성 간의 금욕적인 관계'도 우리를 위한 하나님의 뜻과 일치하지 않는다고 언급했습니다(Q20 참조).

'무성애'란?

무성애적 정체성은 상대적으로 최근에 LGBT 정체성의 필수적인 부분으로 더 많이 받아들여지고 있지만 그에 대한 이해는 거의 없습니다. 그러나 2020년의 최근 체계적 검토에서는 무성애와 관련된 '성적 행동'과 '심리적 과정'을 특성화하려고 시도했습니다 [1].

무성애는 일반적으로 "평생 성적 매력이 없는 상태"로 묘사됩니다. 무성애는 흥분과 성적 욕망에 영향을 미치는 의학적 문제의 결과일 수 있다고 생각되었으나 최근에는 장애의 형태가 아닌 성적 지향으로 분류되고 있습니다[2].

동시에 특정 '역기능적 성적 신념'은 자신을 무성애자로 규정하는 사람들과 관련이 있습니다. 여성의 경우 성적 욕망이 근본적으로 죄악이라는 생각이나 성욕이 나이가 들면서 감소한다는 생각이 이에 기여할 수 있습니다. 남성은 마찬가지로 섹스가 남성보다 권력/우월감을 확립하는 방법이거나 자신의 성적 수행이 파트너에게 가장 중요하다고 믿을 수 있습니다.

일부 무성애자는 자신이 '항상 이런 식으로 느꼈다'고 말하는 반면, 다른 무성애자는 남성이나 여성에 대한 로맨틱한 끌림은 알지만 자신의 부족함을 인식하지 못하기 때문에 마침내 무성애자임을 밝히는 데 몇 년이 더 걸릴 수 있습니다.

성별에 관계없이 성적 활동에 대한 욕구. 일부는 여전히 성욕이 있다고 주장하지만 누구와도 성욕을 수행하고 싶지 않습니다. 따라서 무성애는 믿을 수 없을 정도로 복잡하며 섹스, 성적 끌림, 낭만적이거나 감정적/플라토닉한 끌림 등의 관계를 복잡하게 만듭니다.

무성애 내의 하위 그룹

일부 무성애자는 자위행위나 다른 사람과의 성교와 같은 성행위에 참여하지만 그럼에도 불구하고 욕망이 없거나 즐거움을 얻지 못하기 때문에 자신을 무성애자로 규정합니다. 따라서 무성애적 정체성은 낭만적/성적 관계나 성적 활동에 관여하지 않겠다는 결정과 약속인 순결한 독신과는 다릅니다.

섹스로 포화된 문화의 희생자

자칭 무성애자는 섹스로 가득 찬 문화에서 소외감을 느낍니다 [3]. 스스로를 무성애자라고 밝힌 사람들은 사회적 낙인이나 연인의 압력을 제외하고 성적 관심 부족으로 인한 고통을 거의 보고하지 않습니다. 즉, 무성애자는 여전히 '로맨틱한 파트너'와 성행위를 하지만 즐겁거나 흥미롭지 않으며, 파트너와의 섹스에 대한 기대가 어긋날 때 스트레스를 받을 수 있습니다.

결혼·출산 우상화 문제

자신이 무성애자라고 생각하는 크리스천은 결혼과 출산을 강조하는 교회 환경에서 소외감을 느낄 수도 있습니다. LGBTQ로 정체화하는 금욕주의자와 유사하게 자신을 '이하' 또는 과소평가하는 것으로 보는 경향이 있을 수 있습니다. 그러나 실제로 성경은 독신이나 독신 생활에 대해 높은 견해를 가지고 있습니다.

마태복음 19장은 고자(성관계를 할 수 없는, 무성애자와 유사함)로 태어난 사람들과 천국을 위해 독신 생활을 선택한 사람들을 암시합니다. 고린도전서 7장에서 바울은 결혼의 불이익을 인정하고 독신들에게 왕국의 목적을 위해 결혼하지 않은 상태를 유지하도록 격려합니다.

다시 말해, 교회에는 결혼에 대한 부름과 함께 독신 생활을 위한 특별하고 유명한 자리가 있습니다. 두 길 모두 경이롭고 하나님의 축복을 받았습니다. 바울은 독신으로 생각되었고 예수님도 확실히 독신이었지만 그들은 풍요롭고 목적 있는 삶을 살았다는 것을 기억할 가치가 있습니다 [4]. 독신으로 살면 창세기 1장 28절의 경우처럼 씨를 뿌리는 사람들의 삶에서 '열매'와 '번성'을 볼 수 있다고 할 수 있습니다.

무성애와 관련된 특성을 가진 크리스천은 결혼에 대한 압력을 느낄 필요가 없으며, 결혼으로 인도되지 않는다고 해서 자신이 덜 가치 있다고 느낄 필요가 없습니다.

무성애자가 결혼이라는 부름을 받았다고 느낀다면, 결혼 생활에서의 성관계에 대한 전망과 기대에 대해 두 파트너 간에 적절하게 논의해야 합니다. 사랑과 성은 중요하지만 서로에 대한 부부의 낭만적인 사랑과 욕망을 반영하는 것 이상이어야 하는 결혼 생활의 주변 요소입니다. 결혼은 그리스도와 교회의 자기희생적 관계와 자녀를 갖는 맥락을 상징하는 서로에 대한 언약이어야 합니다[5].

결혼은 그리스도와 교회의 자기희생적 관계와 자녀를 갖는 맥락을 상징하는 서로에 대한 언약이어야 합니다[5]. 비록 두 파트너 모두 그들의 부부 권리를 서로에게 주어야 하지만, 성욕은 결혼에서 시간이 지남에 따라 감소하기 때문에, 성관계가 핵심이 되어서는 안 됩니다.

고유한 가치, 존엄성 및 성취감 찾기

성이 포화된 문화에서 성의 부족은 불완전한 인간 경험의 신호이기도 합니다. 자신의 성적 정체성을 표현하지 못하는 것이 그 사람의 인간성이나 존엄성을 떨어뜨린다는 전제가 있다면, "무성애자는 존엄성이 결여된 것인가?"라는 질문을 하게 됩니다.

성경적 관점에서 볼 때 그 누구도 본질적인 가치와 존엄성에 있어서 다르지 않으며 오직 그리스도 안에서만 성취될 것입니다. 우리가 육신의 욕망과 삶의 기대를 내려놓을 수 있을 때까지 우리는 우리 안에 있는 죄의 방향에 묶인 채 진정으로 살 수 없을 것입니다.

과도한 결혼 축하와 독신을 외로움과 동일시하는 것 또한 비이성애적 성적 활동과 관계 선호도를 긍정하는 이야기에 기여합니다. 섹슈얼리티에 대한 성경적 관점은 무성애자들에게도 적용됩니다. 우리의 섹슈얼리티에 상관 없이, 자기 만족 대신 하나님을 위해 우리의 시간, 자원, 마음과 몸을 관리하는 것이 전부입니다.

사역을 위한 조언:

• 무성애가 반드시 독신의 은사인 것은 아닙니다.

≫ 무성애자는 독신을 선호할 수 있지만, 여전히 성적 행동과 관계에 대한 생각에 관해 선택할 수 있습니다.

≫ 거룩함은 성별에 관계없이 - 독신에 있어서는 정절, 결혼에 있어서는 충실함입니다.

참조:

[1] Patterns of sexual behavior and psychological processes in asexual persons: a systematic review, 2020, https://www.nature.com/articles/s41443-020-0336-3, accessed 23 Aug 2020

[2] Asexuality Is a Sexual Orientation, Not a Sexual Dysfunction, 2016, https://www.psychologytoday.com/sg/blog/living-single/201609/asexuality-is-sexual-orientation-not-sexual-dysfunction, accessed 23 Aug 2020

[3] Feeling isolated as an asexual in a sexualised society, 2017, https://www.bbc.com/news/magazine-41569900, accessed 23 Aug 2020

[4] What Does the Bible Say about Asexuality and Singleness?, 2019, https://www.crosswalk.com/church/pastors-or-leadership/ask-roger/what-does-the-bible-say-about-asexuality-and-singleness.html, accessed 23 Aug 2020

[5] I Feel No Sexual Attraction — Should I Still Pursue Marriage?, 2019, https://www.desiringgod.org/interviews/i-feel-no-sexual-attraction-should-i-still-pursue-marriage, accessed 23 Aug 2020

질문22
게이 생활을 끊기 위한 기도를 해도 되나요?
이성애자가 되도록 기도해야 할까요?

신속한 답변:

사람이 SSA 경험을 중단하는 것은 가능하지만 그것이 기독교의 목표는 아닙니다. 하나님은 내가 이성애자이기 때문에 이성애자라고 말씀하지 않으셨습니다. 내가 거룩하니 너희도 거룩하라 하셨습니다. 만약 어떤 사람이 SSA를 원치 않는다고 결정한다면, 하나님께 유혹을 도와달라고 기도하는 것, 동성애 매력이 '가라앉거나' 심지어 '사라지도록' 기도하는 것은 잘못된 것이 아닙니다.

거룩한 성

크리스토퍼 위안(Christopher Yuan) 박사는 자신의 저서 '거룩한 성과 복음(Holy Sexuality and the Gospel, 2018)'에서 "성경은 무차별적으로 다양한 이성 관계를 모두 축복하지 않는다"고 언급했습니다. 그는 또한 크리스천들이 성경적 성적 표현에 대한 잘못된 틀에 우리 자신을 가둬두지 말고 성에 대한 하나님의 비전을 받아들여야 한다고 설명했습니다. 성에 대한 하나님의 비전은 우리가 흔히 가지고 있는 이성애-양성애-동성애 패러다임에 근거하지 않습니다. 인간의 성에 대한 하나님의 비전은 거룩함입니다. 독신 생활의 순결, 결혼 생활의 충실함입니다. 거룩한 성(Q11 도 참조).

하나님 아버지

하나님은 그분의 뜻에 따라(요일 5:14-15), 그분의 영광을 위해(요 14:13-14) 올바른 영으로(약 4:1-10) 그들의 요청을 그분께 가져오도록 그분의 자녀들을 초청하십니다. 또한 그분은 우리보다 더 높은 그분의 길과 생각에 따라(이사야 55:8-9) 우리의 길을 인도하실 때(잠 3:5-6, 잠 16:9), 온 마음을 다해 그분을 신뢰하라고 요구하십니다. 우리의 좋으신 아버지께서는 우리가 구하거나 생각하는 것보다 더 많은 방법으로 우리의 기도에 응답하실 수 있습니다(에베소서 3:20).

이와 같이 SSA를 가진 크리스천들은 다른 크리스천들과 마찬가지로 하나님이 그들의 기도에 응답하기 위해 사랑스럽고 현명하게 선택할 수 있는 열린 자세로 마음의 소원을 하나님께 가져올 수 있습니다.

그들은 하나님께 기도를 맡기고 그와 함께 회복적인 여행을 추구하면서 하나님이 가장 좋은 것을 주실 것을 알면서도 자신들의 성적, 낭만적인 욕망을 바꾸게 해달라고 하나님께 요청할 수도 있습니다. 예수님을 더 잘 알고 회복하는 과정에서 그들의 삶에서 치유가 다양한 형태나 방식으로 다가올 수도 있습니다. SSA는 안심할 수 없지만 하나님은 우리가 그를 따르도록 도울 수 있습니다.

하나님이 SSA를 없애는 것이 가능합니까?

아무도 다른 사람의 성적 취향을 바꿀 수 있다고 약속할 수 없고 그렇게 해서도 안 되지만, 우리는 하나님께서 창조적인 방법으로 누군가의 기도에 응답하심으로써 놀라운 기적을 행하실 수 있다는 가능성에 마음을 열어둘 수 있습니다. 어떤 사람들은 자신과 타인을 보고 관계를 맺는 방식에서 변화를 경험합니다. 다른 사람들에게는 치유/자유가 그들이 추구하는 행동의 종류에서 가장 깊게 발생할 수 있습니다. 어떤 사람에게는 성적 욕망과 낭만적인 욕구의 변화나 변화가 일어날 수 있지만, 성적 취향은 다른 사람에게는 동일하게 유지될 수 있습니다.

전환 치료에 대해서는 Q8에서 언급했듯이 변화는 실제로 가능하지만 성적 지향의 변화는 기독교의 주요 목표가 아닙니다. 궁극적인 목표는 우리의 마음과 정신을 변화시키는 것입니다. 즉, 하나님에 대한 반역의 상태에서 그리스도 안에 있는 우리의 존재/정체성을 깨닫고 하나님이 우리에게 주신 소중한 구원의 선물로 변화하는 것입니다.

하나님이 내 기도에 응답하지 않으면 나를 사랑하지 않는 것입니까? 일부 사람들은 왜 하나님이 다른 사람들을 다르게 대하시는 것처럼 보이는지 의아해할 수 있습니다. 어떤 사람들에게는 SSA와의 투쟁에서 더 큰 안도감을 주지만 다른 사람들에게는 그렇게 많은 도움을 주지 않는 것처럼 보입니다.

하나님은 아무도 완전히 이해할 수 없는 신비한 방법으로 역사하십니다. 우리가 이해할 수 있는 것은 소중하게 붙잡아야 합니다. 기도는 우리의 소원을 들어주기 위해 하나님의 팔과 씨름하는 것이 아닙니다. 기도는 궁극적으로 우리가 하나님과 일치하도록 도와줍니다. 우리 각자는 이미 하나님 나라를 맛볼 수 있는 이 현실('여기, 하지만 아직')에서 타락한 인간 본성과 씨름하지만, 하나님 나라의 충만함은 아직 도달하지 않았습니다. 매일 우리의 십자가를 지고 하나님께 거룩한 삶을 살기로 한 우리의 결정은 예수님이 참으로 우리의 소망이시며 충분

이상이라는 아름다운 간증입니다. 우리는 성취감이나 위안을 얻기 위해 땅의 것에 집착할 필요가 없습니다. 우리는 우리 스스로 삶의 모든 스트레스와 어려움과 투쟁을 관리할 수 없지만 하나님과 함께라면 다른 방식으로 살 수 있음을 세상에 간증하고 있습니다.

SSA를 경험하는 크리스천의 목표

SSA를 가진 크리스천의 모든 소모적인 목표는 모든 크리스천과 같습니다: 하나님과 그들 주변의 사람들을 그들 자신으로 완전히 사랑하는 것입니다. 우리 모두가 우리를 위해 하나님의 풍부한 선함과 회복을 추구하기 때문에, 어떤 일이 일어나더라도 마음을 여는 것이 중요합니다.

그것이 어떤 형태를 취하든 동성에 이끌린 크리스천들은 모든 크리스천들과 마찬가지로 끊임없이 자신들의 삶에서 하나님의 인격을 진심으로 신뢰하고 친밀하게 이해하며 실질적으로 표현하도록 초대됩니다(예레미야 9:24).

사역을 위한 조언:

- SSA를 경험하는 모든 크리스천이 당연히 그것을 극복하길 원할 것임을 가정하지 마십시오.

  ≫ 크리스천들은 성령의 확신을 받고, 그것이 그들에 대한 하나님의 뜻이 아니며, 그들이 자신의 성/성적 매력보다 훨씬 더 중요하다는 것을 확신할 때에만 스스로 그 결론에 도달할 것입니다.

- 개인이 SSA를 원치 않는다고 구체적으로 표현하고 진정으로 SSA로부터 자유를 원하지 않는 한 크리스천에게 SSA를 없애도록 강요하지 마십시오.

  ≫ 상대방이 원할 때 참올성 있게 대화에 참여하십시오.
  ≫ 성에 대한 성경적 기준과 우리를 향한 하나님의 놀라운 마음을 나눕니다.
  ≫ 구성원들에게 삶의 모든 영역에서 거룩하신 분처럼 거룩해지기를 격려합니다
  ≫ 개인이 하나님 안에서 그들의 목적을 찾도록 기도하십시오.
  ≫ 성은 사람의 정체성의 핵심이 아니라 하나님의 사랑하는 자녀가 되는 것이 핵심입니다.

여기도 살펴 보십시오:

-Holy Sexuality and the Gospel, 2018, Dr. Christopher Yuan, https://g.co/kgs/M69cir, accessed 15 Nov 2020

질문 23
사랑하는 사람이 동성애 욕구를
따르는 것을 지지해야 합니까?

신속한 답변:

우리의 사랑하는 사람이 행복뿐만 아니라 완전함을 추구할 수 있도록 지원해주세요. 우리가 그들을 사랑하기 때문에. 우리는 동성애적인 욕망의 추구나 이성애적인 결혼의 맥락 밖의 다른 어떤 성적인 활동을 장려하지 않을 것입니다. 우리는 사랑하는 사람들이 자신들의 욕망을 추구하기로 결정해도 여전히 그들을 지지해야 하며. 그들을 위해 그곳에 있고. 그들이 추구하는 바와 상관없이 무조건적인 사랑을 제공해야 합니다.

사랑이란 무엇인가?

문화는 우리가 사람들에게 '사랑할 자유'(즉, 제약/경계 없이 원하는 사람을 사랑할 수 있는 자유)를 부여하지 않으면 편협하거나 사랑이 없다고 단언합니다. 개인의 선호도 수용, 이성애가 아닌 관계 및 성적 행동에 대한 긍정은 이 사랑에 대한 이야기의 정점에 있는 것 같습니다. 하지만 이것이 사랑의 전부일까요? 크리스천으로서 우리는 서로 사랑해야 합니까, 아니면 사랑하는 사람을 사랑해야 합니까?

"하나님은 사랑이시다", 경건한 사랑이란 무엇인가?

문화의 믿음과 활동가들의 비난과는 달리, 크리스천은 편협하거나 사랑이 없는 사람이 되도록 부르심을 받지 않았습니다. 대신 크리스천은 사랑의 가장 높은 형태인 하나님의 본성을 닮도록 부름 받았습니다. 고린도전서 13:4-8의 유명한 구절에서 우리는 경건한 사랑이 어떤 것인지에 대한 그림을 봅니다.

일부 크리스천이라고 공언하는 사람들은 LGBTQ의 사랑 이야기가 하나님이 우리를 부르시는 기준이라고 주장합니다. 한 가지 예는 좋은 감정의 열매가 아니라 회개의 열매인 좋은 열매에 대한 예수님의 가르침의 맥락을 편리하게 무시하면서 '사랑은 좋은 열매'라고 말한 Matthew Vines 입니다.

일부 다른 선의의 크리스천들은 정반대로 행동합니다. 그들은 진리에 대한 사랑의 증인이 되는 대신 즉각적인 온전함/회개에 대한 필요성을 지나치게 강조합니다.

아래 2개의 도표를 통해서 진리와 사랑에 대한 두 가지 서사, 그리고 다른 입장을 가진 사람과 관계를 맺으면서 그것이 현실에서 펼쳐지는 세 가지 방식을 자세히 살펴보겠습니다

기독교적 접근		친동성애/수정주의적 접근
'진리' (좋은 뜻이지만 가혹함)	진리 + 사랑 (성경적 예시-고전13장)	사랑 (좋은 뜻, 그러나 허용)
요점이 이해되지 않거나 이해되지 않을 때 조급해집니다	참기 [그리스도의 사랑과 진실을 보여주는 데 시간이 얼마나 걸리든 간에]	상대방이 LGBTQ 접근 방식/이야기를 긍정하지 않을 때까지 인내심/관용
상대방의 기분과 상관없이 진실을 절대적으로 지지합니다. 그 사람에게 목회적 돌봄을 확장하지 않고 죄인을 부르는 경향이 있습니다	친절 [자신의 위치에 상관없이 상대방을 헐뜯거나 공격하지 않고, 자신의 행동에 자제력을 발휘하고 적절한 단어를 사용하여 대화를 만들어 감]	같은 뜻인 사람에게는 친절하고 공감적이며, 반대하는 사람들에게는 가혹함. 동의하지 않는 사람들을 편견/동성애 혐오자로 포괄하는 경향
진실을 아는 것에 자부심을 느낍니다. 성경을 두드리는 경향	과시하지 않음 [지식을 과시하거나 독선을 자랑하지 않고 모든 영광을 하나님께 드립니다.]	성적/성별 정체성에 자부심을 느낍니다. 그것을 과시하고 다른 사람들이 자신의 표현을 긍정하기를 바라는 경향
듣기 전에 답하는 경향. (적어도 태도에서) 모든 지식을 표현하는 경향. 또한 개인의 생각과 경험에 귀를 기울이거나 공감하려고 하지 않을 수 있습니다	교만하지 않음[겸손하고 기꺼이 듣습니다. '승리'를 추구하지 않음]	전체주의적 입장을 취하고 대안적 견해를 무시하는 경향. 반대하는 사람들보다 지적으로 우위라고 믿습니다. 종종 다른 사람들을 교육받지 못한/고집적인 사람으로 낙인찍음
하나님과 성경의 이름으로 다른 사람을 비난하는 경향	다른 사람들을 존중함.[다른 사람을 비하하거나 부끄럽게 만들지 않고 모든 사람 하나님의 형상처럼 지어졌다는 견해를 무비판적으로 지지.]	긍정적이지 않은/보수적인 견해를 바탕으로 사람을 비하하는 경향
하나님과 성경의 이름으로 다른 사람을 비난하는 경향	다른 사람들을 존중함-[다른 사람을 비하하거나 부끄럽게 만들지 않고 모든 사람이 하나님의 형상처럼 지어졌다는 견해를 무비판적으로 지지]	

기독교적 접근		친동성애 수정주의적 접근
'진리' (좋은 뜻이지만 가혹함)	진리 + 사랑 (성정적 예시, 고전 13장)	사랑 (좋은 뜻, 그러나 허용)
개인을 설득하고 실제(종종 즉각적인) 필요에 대응하기보다는 논쟁에서 승리하거나 성경 지식을 증명하는 것에 더 큰 만족감을 느낄 수 있습니다	**이기적이지 않음** [논쟁에서 이기거나 개인적인 선호를 강요하지 않습니다.개인적인 이익을 추구하지 않고 상대방을 위해 최선을 다합니다]	자아 추구 행동 - 개성 > 공동체 이익 및 지속성을 촉진합니다. 다른 사람들이 LGBTQ를 긍정하는 신념과 입장을 준수할 것을 요구합니다
완강히 반대할 때 폭발	**쉽게 화내지 않음** [냉철하고 자기 통제적인]	성적/성별 정체성이 반대되거나 확인되지 않을 때 폭발함
오래된 논쟁을 기억하고, 사람의 감정이나 현재의 상태/회개 과정에 상관없이 새로운 대화에서 다시 부각되는 경향이 있습니다	**잘못을 기억하지 않습니다** [항상 용서하고, 쓴 뿌리와 잘못을 용납]	과거의 상처/부정적인 경험을 제기하고 이를 바탕으로 기타 의견을 용서하지 않고 피해자 입장을 구축하는 경향이 있습니다
누군가 성경의 진리를 기꺼이 받아들일 때만 기뻐하는 경향이 있습니다. 필요하다고 간주되는 수단을 사용하여 그렇게 시도할 수 있다 (아이러니하게도 비성경적인 것이라도)	**악을 즐기지 않는다.** 진리를 기뻐하다[진리를 추구하다, 악을 피하다]	예수를 쫓는 것과 진리를 추구하는 것과는 거리가 먼 불건전한 추구를 기뻐합니다.
지나치게 보호적인 경향 - 신뢰 부족으로 인해 너무 많은 경계/규칙을 제정하고, 다양한 관점을 논의하기 위해 대화를 나누는 것을 두려워합니다. 현재 회개하지 않는 사람에 대한 소망을 포기하는 경향이 있습니다	**항상 보호, 신뢰, 희망, 인내** [존엄성, 상호 신뢰/책임성 보호, 항상 희망적, 어려운 시기에도 인내]	자신의 말할 권리만 보호하는 경향이 있음. 보수주의자/반대하는 사람들과의 대화를 포기하는 경향이 있음 위험성이 높은 성 윤리/생활 방식을 조장함
회개하고 싶어하는 사람들만 사랑하는 경향이 있습니다. 회개하지 않는 사람들을 무시하고 그들을 더 이상 돌보지 않는 경향이 있습니다.	**절대 포기하지 않음** [무조건, 끝없이]	자신의 입장에 맞는 사람만 사랑하고 받아들이는 경향이 있습니다

크리스천으로서 우리는 진리가 성경에 있는 예수님의 인격 안에서 발견된다고 믿습니다. 그러므로 우리는 논리적 추론으로 뒷받침되는 오류가 없는 성경에서 진리를 찾고 새로운 과학적 발견에 대한 정보를 얻는 것이 중요합니다 .

진리는 그 자체로 모순되지 않을 것이며, 정직하게 진리를 추구하기 위해 우리의 마음과 생각을 정할 때, 하나님의 진리가 승리하고 우리가 그분의 지혜를 더 분명하고 더 잘 알게될 것이라는 믿음을 가지십시오.

크리스천으로서 우리는 하나님 안에서 우리의 동등한 정체성, 지위 및 위치에 대해 알고 있습니다. 아무도 다른 사람보다 낮지 않으며 모든 사람은 은혜로 구원받은 죄인이며 오직 믿음으로 의롭다 함을 얻습니다. 모든 사람에게는 무시되어서는 안 되는 여정과 고유한 삶의 경험이 있습니다. 그것을 경청해야 합니다.

우리는 하나님의 형상을 지닌 개인을 기꺼이 바라보고 하나님이 우리를 향한 동일한 사랑을 확장하면서 우리를 참을성 있게 그분께 다시 인도해야 합니다. 사랑은 적극적으로 보호합니다. 단순히 모든 것을 용인하는 것이 아닙니다. 하나님은 사랑하는 사람에게 상처를 주는 행동을 용납하지 않으십니다.

사랑없는 진리는 진리가 아니며, 진리 없는 사랑은 사랑이 아닙니다. 우리는 사랑으로 십자가에서 우리를 위해 죽으신 죄에 대한 진리를 무시할 수 없기 때문에 예수님의 인격 안에서 두 가지가 수렴되는 것을 봅니다.

그러면 사랑하는 사람을 지원하기 위해 무엇을 할 수 있습니까?

- 자기 자신부터 시작하십시오.

항상 우리 자신부터 시작하십시오 – 올바른 길에서 예수님과 우리 자신의 관계를 맺으십시오. 우리가 누군가를 '변화'시키거나 다른 사람에게 확신을 심어줄 수 있는 방법은 없지만, 우리 자신의 생각을 어떻게 그리스도께 복종시키고 어떻게 그리스도를 위해 살 수 있는지를 통제할 수 있습니다. 더 나은 대안이 존재하지 않거나 이해되지 않을 때 아무도 원래 좋은 것으로 인식된 것을 떠나지 않습니다. 불건전한 관계/욕망을 추구하는 것을 단호히 거절하는 대신, 하나님을 추구하는 것이 얼마나 아름다울 수 있는지를 보여주고 모범을 보이십시오.

우리가 거룩함을 실천하면서 그리스도와 열매 맺는 놀라운 관계를 가질 수 없다면 아무도 하나님을 볼 수 없으며 아무도 거룩하게 살기를 선택하지 않을 것입니다(하나님이 기적적인 방법으로 개입하지 않는 한).

- 성실한 경청자가 되십시오

특히 사람들이 당신에게 마음을 열었을 때 그들의 견해에 대해 결코 부끄러워하지 마세요. 우리는 판단하지 않고 듣는 법을 배워야 합니다. 옳고 그름을 분별하기 위한 시기와 장소가 있지만, 대부분의 경우 사람들의 말을 먼저 들을 필요가 있습니다. 그들은 여러분과 제가 그들을 무조건 사랑할 것이라는 것을 알아야 합니다. 그렇게 하는 가장 좋은 방법은 누군가가 우리에게 마음을 열었을 때 두려움/분노/실망감에 반응하지 않는 것입니다. 만약 누군가가 우리에게 마음을 열기로 결정한다면, 그것은 신뢰의 증거이며, 무조건적인 사랑을 받고 싶다는 무언의 욕구입니다.

앞으로의 여정은 양 당사자에게 어려울 수 있지만 정직한 대화가 이루어지고 아이디어가 교환될 수 있는 신뢰와 안전한 공간을 구축하기 위해 노력하십시오. 사랑하는 사람과 함께 있고, 그들에게 진정한 보살핌과 관심을 보여주고, 그들이 당신이 원하는 것이 아닌 길을 선택했더라도 실질적인 도움/ 보살핌을 제공하십시오. 인내하고, 그들을 위해 항상 기도하며, 조건 없이 사랑하십시오.

- 가족이 되십시오

SSA로 어려움을 겪고 있는 사람이 교회 내에서 찾을 수 있어야 하는 사랑, 친밀감 및 진정한 관계를 찾을 수 없다면 독신 생활에 예라고 대답하는 것은 매우 어려울 수 있습니다. 우리는 교회 내에서 강력한 플라토닉 우정을 쌓아야 하고, 서로를 더 사랑하고 돌봐야 합니다. 아무도 소외감을 느끼지 않고 가족을 빼앗기지 않도록 서로를 위해 그리스도 예수 안에서 영적인 가족이 되십시오

사역을 위한 조언:

- 성에 대한 명확한 성경적 가르침을 수립합니다.

  ≫ 섹슈얼리티에 뛰어들기 전에 다음에 대한 좋은 토대를 구축해야 합니다.

    - 성경의 권위와 신빙성
    - 하나님의 형상(Imago Dei)
    - 인류의 타락
    - 하나님의 구속사역

- 교회 내에 좋은 지원 그룹이 있습니다.

  ≫ 부모에게 경건한 양육 가치와 실용적인 조언을 제공하십시오.
  ≫ 경청하고 조언할 수 있도록 제자 훈련된 그룹 리더를 준비시킵니다(어려움에 관계 없이).
  ≫ 부모를 돕고 자녀가 성 문제로 어려움을 겪고 있는 경우 자녀와 함께 하는 이 진리의 여정을 걷고 감정을 관리하는 방법에 대해 부모를 교육할 수 있는 핵심 팀을 갖추십시오.
  ≫ 청소년이 커밍아웃하기로 선택한 경우 멘토와 함께 진리의 여정을 함께 할 수 있는 지도자를 양성해야 합니다. (폭넓은 독서를 통해 관점 얻기 - 공감 능력 개발에 도움)

질문 24
동성에게 매력을 느끼는 사람이
교회의 지도자가 될 수 있습니까?

신속한 답변:

전반적으로 교회는 리더/장로의 중요한 기준은 성경에서 찾아야 합니다. 교회는 지도자와 성도의 중요한 신념과 기대치에 관한 교리적 분명함을 가질 필요가 있습니다. 각 교회는 지도자의 고용 및 임명에 관한 자체적인 정책에 의해 약간의 차이가 있을 수 있지만, 일반적으로 최소한의 원칙은 하나님께 충실하고 정직하고 책임을 지는 사람이어야 합니다. 누구나 어려움을 겪습니다. SSA는 누군가가 고군분투하는 유혹 중 하나일 수 있습니다. 그 기준이 무엇이든 교회 전체에 편견 없이 동등하고 일관되게 적용해야 합니다.

예수의 제자들

초대 교회의 지도자들은 예수님의 제자들과 그분을 따르는 자들이었습니다. 예수님께 직접적으로 가르침을 받았음에도 불구하고 그들 중 단 한 사람도 온전한 사람이 없었습니다. 예수님은 그들이 특별하거나 완벽해서 열 두 제자를 선택하신 것이 아니라 그들 각각을 위한 계획을 가지고 계셨습니다. 그분은 그들을 있는 그대로 받아들이시고 그들을 사용 하셨습니다.

예수님은 그들을 위해 끊임없이 기도하셨고, 끈기 있게 가르치고 양육하셨습니다. 필요하다면 책망도 했지만 예수님은 결코 그들을 버리거나 부끄럽게 하지 않으셨습니다. 이 모든 것으로부터 우리는 교회의 지도자들이 완벽하거나 무오하지 않다는 것을 이해할 수 있습니다. 완벽함과 무오함은 교회 지도자의 자격이 아닙니다.

리더십을 위한 성경적 표준

성경의 많은 곳에서 우리는 교회 리더십에 대한 표준을 봅니다(예: 디도서, 디모데전서, 베드로전서). 교회의 지도자들과 성도들은 공동체 내에서 하나님의 말씀에 대한 이해와 연합된 마음을 갖기 위해 노력해야 하며 그리스도의 몸 전체에 걸쳐 기독교의 본질에 대해 이해해야 합니다.

교회는 지지하지 않는 것보다 자신이 믿고 옹호하는 것을 확고하게 공유함으로써 적대적이지 않은 방식으로 정책을 짜는 것이 좋습니다. LGBTQ/동성애의 맥락에서 교회는 단순히 동성애를 비난하는 대신 성, 독신, 결혼에 대한 성경적 관점을 긍정함으로써 성도들에게 자신의 입장을 분명히 밝힐 수 있습니다.

교회는 교회의 교리/신념 및 성도와 지도자에 대한 기대를 명확히 해야 합니다. 그렇게 하지 않으면 앞으로 매우 부정적인 영향을 미칠 수 있기 때문입니다. 기대하는 바와 다를 때, 목회자나 교회 지도자로 섬기기를 열망하는 교인은 자신이 소중하게 여기는 특정 신념이나 관행으로 인해 지도자 자격이 없다는 사실을 깨닫고 충격을 받을 수 있습니다.

여자 친구와 동거하지만 리더십과 성경을 가르치는 능력에 뛰어난 재능을 보이는 성도가 그 예가 될 수 있습니다. 그 성도는 진심으로 제자 그룹의 리더가 되기를 원할 수 있지만 그의 생활 방식이 성적 거룩함에 대한 교회의 입장, 즉 성적인 친밀함은 결혼 생활 내에서만 이루어져야 하며 동거는 강력히 반대한다는 교회의 입장과 명백히 모순되기 때문에 기회를 잃었습니다.

이 성도는 수년 동안 교회와 성장하고 결속을 다진 후 여자 친구와 결혼 하기 전까지 혼전 성관계를 중단하든지 동거를 멈추지 않는다면 리더십을 발휘하지 않던지 중요한 교회 행사들을 멀리 해야 하기로 결정해야 한다는 사실을 깨닫고 마음이 상하고 완전히 실망할 수 있습니다. (특히 일부 교회는 세례를 받거나 성찬식에 참여하기를 원하는 성도에 대해 더 엄격한 기준을 요구 할 수 있기 때문).

교회의 신념과 기준에 대해 교회와 지도자들이 구성원들에게 더욱 솔직하다면 이러한 이야기는 전적으로 피할 수 있습니다. 그러므로 교회의 교리와 지도자와 교인의 기대하는 바를 명확히 하여 제자도와 발전에 도움이 되는 환경을 조성하는 것이 좋습니다. 명확한 기준과 기대치를 설정하면 향후 불필요한 오해와 갈등을 겪지 않아도 당신과 성도들을 지킬 수 있습니다.

리더십 이해

이러한 이야기를 더 심도 있게 하기 전에 각 교회는 '리더십'에 요구되는 것을 자체적으로 결정해야 합니다. 이것은 교회 사역이 다양한 계층의 참여, 헌신, 그리고 기대를 가지고 있기 때문에 중요합니다. 구분 할 수 있는 한 가지 방법은 그 역할이 무엇을 수반하는지 살펴보는 것입니다. 교리를 가르치는 것이 필요한가? 그 위치에 있는 사람이 다른 사람에게 큰 영향력을 행사하는가? 그 직책에 있는 사람이 교회를 대표하여 대중들에게 말하는 위치인가?

일반적으로 가르치는 역할은 그렇지 않은 역할보다 교리적 일치에서 훨씬 더 높은 기준을 요구합니다. 사역의 영향력 있는 핵심 직책은 또한 일정 수준의 지식과 행동의 일치를 요구할 수 있습니다. 이것은 사역의 다른 역할이 덜 중요하다는 말이 아니라, **교리적 이해와 공동체 내 다른 구성원의 제자도에 미치는 영향의 크기 문제일 뿐입니다.**

이것은 예수님이 삶의 생활 방식/선택에 공개적으로 대적하는 사람들뿐만 아니라 하나님의 말씀을 믿고 가르치는 사람들을 책망하시기 때문에 중요합니다 (요한계시록 2:20). 그러므로 어떤 역할/직위가 잠재적인 후보자들로부터 어떤 수준의 지식과 행동의 일치를 요구할지 결정하는 것은 교회의 관리/최고 지도자의 책임입니다.

SSA와 리더십

동성에게 끌리는 사람 역시 그 기준이 다르지 않아야 합니다. SSA와 LGBTQ 정체성을 가지고 그것에 동조하는 사람간의 차이점을 명확하게 이해하면 의사 결정에 도움이 될 수 있습니다. **SSA는 유혹입니다. 동성애를 추구하지 않는 경우 SSA를 경험한 사람은 리더십을 발휘할 자격이 있어야 합니다.** 그/그녀는 다른 이성에 이끌린 사람과 마찬가지로 리더십 후보로 간주되어야 합니다.

두 사람 모두 똑같이 성적 부도덕을 저지를 수 있으며, 리더가 되기 위해서는 성실성을 유지해야 하는 의무가 동등합니다. 따라서 결론은 교회가 리더십에 대한 교회 정책을 시행함에 있어 일관성을 유지해야 한다는 것입니다.

SSA를 가진 사람은 SSA를 경험하지 않은 사람보다 더 무겁고 막중한 책임감과 함께 충실할 수 있습니다. 모든 것은 그 사람이 기꺼이 얼마나 투명하게 되고자 하는가, 그들의 삶, 믿음, 성품, 모든 상황에서 그리스도께 신실하겠다는 결심에 달려 있습니다. **자신이 그리스도의 신실한 제자임을 보여주는 사람은 그 누구도 자신의 성적 매력/지향성에 근거하여 차별을 받아서는 안 됩니다.**

도덕적으로 고군분투하는 지도자라면 그 지도자는 개인의 회복을 위해 지도자의 자리에서 물러나는 것이 최선입니다. 이것은 그 사람이 리더십의 기대와 책임으로부터 자유로워지게 하여 개인적인 회개와 성찰을 위해 필요한 시간을 제공합니다. 또한 리더의 실수로 상처를 받았을 수 있는 사람들을 보호하여 전체 리더십과의 신뢰를 회복하고 치유할 수 있는 기회를 제공합니다. **교회는 그 사람을 지도자로 인정 할지 말지 또는 인정하면 그 시기가 언제일지에 대한 견해가 다를 수 있지만, 결국 우리 모두는**

궁극적으로 하나님의 판단을 받습니다.

결론 도출

지도자 임명과 관련하여 교회가 채택하도록 권장할 수 있는 일률적인 접근 방식은 없습니다. 교회가 모든 분야에서 자신의 입장을 공개적으로 밝힐 필요는 없지만 교회의 주요한 신념이 무엇인지를 명확히 하는 것은 좋습니다. 교회는 제자화와 교회 성장을 위한 좋은 환경을 만들기 위해 구성원과 리더십에 대한 교리적 명확성과 정책을 가질 필요가 있습니다. 각 교회는 명확하게 정의된 일련의 믿음, 지도자와 구성원의 기대를 가지고 모든 사람에게 동일한 기준을 일관되게 적용/시행해야 합니다. 리더의 임명 또는 해임 결정은 전적으로 최고 경영진/리더십의 재량에 달려 있습니다

사역을 위한 조언:

- 교회 정책을 일관되고 명확하게 하십시오.

  ≫ 교회는 믿지 않는 바가 아닌 교회가 지지하고 믿는 바에 초점을 맞춥니다

- SSA와 싸우고 있는 크리스천을 집회 및 지도자 역할에서 즉시 배제하지 마십시오

  ≫ 지도자로부터 사람을 배제해야 하는 타당한 이유가 있는 경우(예: 책임 부족, 범죄 기록 등), 해당 사람이 지도자 역할을 수행하도록 허용하기 전에 그 사람과 별도의 대화를 나누십시오
  ≫ 당신의 교회 정책이 다른 투쟁이나 죄의 행동, 무엇이든 간에 SSA와 싸우는 사람들에게 동일한 책임과 은혜의 기준을 적용하세요

- Holy Sexuality and the Gospel, 2018, Dr. Christopher Yuan, https://g.co/kgs/M69cir, accessed 15 Nov 2020

질문 25
변화는 헛되거나 불가능합니까?
탈동성애자(ex-gay)는 어떻습니까?

신속한 답변:

성적 지향은 생각만큼 쉽게 변하지 않습니다. 변화는 신화같은 이야기가 아니고 탈동성애자도 존재합니다. 전 세계 기독교 탈동성애자 커뮤니티에서 나오는 수백 건의 증언을 보면 변화가 일어날 수 있음이 분명합니다.

우리의 초점은 성적 지향을 바꾸는 것이 아니라 복음 그 자체를 나누는 것입니다. 우리는 그리스도를 닮아가도록 부름 받았습니다.

즉, 하나님께서 변화시키는 것과 반대로 인간적으로 SSA의 경험을 없애려는 고의적인 시도를 구별하는 것이 중요합니다. 성적 취향의 '강제' 또는 약속된 변화는 기독교가 지향하는 바가 아닙니다. 사람들이 그렇게 하려고 시도하면 나중에 역효과를 일으켜 환멸, 비통함, 상처, 그리고 성적 지향이 완전히 불변이라는 더 깊은 믿음을 갖게 될 수 있습니다.

성적 지향의 변화가능성

앞서 Q8에서 언급했듯이 성적 지향은 생각만큼 불변의 것이 아닙니다. 사람들은 시간이 지남에 따라 성적 매력의 변화를 경험할 수 있습니다. 일부는 이성애자에서 양성애자로 바뀌고, 동성애자에서 배타적이지 않은 동성애자로 바뀌는 사람들도 있습니다(Q5 및 Q7도 참조). 따라서 변화는 신화가 아니며 '탈동성애자(ex-gays)'가 존재합니다. '탈동성애자'란 한때 동성 관계/성적 활동을 했고 자신을 게이라고 밝혔지만 이제 더 이상 자신을 게이로 인식하지 않고 더 이상 동성 관계나 성적 활동을 추구하지 않는 사람들을 의미합니다.

탈동성애자는 존재합니다

어떤 사람들은 탈성애자들이 단순히 '진정한 동성애자가 아닌' 또는 '자신의 성적 지향을 깨닫게된 이성애자'일 뿐이라고 제안합니다. 그렇게 함으로써 그들은 한 사람의 평생의 투쟁, 정체성을 무시하고 그들의 말을 깎아내리는 것입니다. '게이'라는 것이 무엇을 의미하는지에 대한 오해가 있는 경우일 수 있습니다.

탈동성애자가 진정한 게이가 아니라는 믿음은 '게이'는 변화될 수 없다는 가정에서 비롯되지만 그것은 사실이 아닙니다. 어떤이들에게 SSA는 원치 않는 것일 수 있음을 확인했습니다(Q5, Q7 및 Q8 참조). 우리는 또한 '게이'가 동성에게 끌리는 것과는 다르다는 점을 명확히 했습니다. 동성애를 시작한 사람은 게이이며 자신을 게이로 인식합니다(Q1 및 Q2 참조).

예를 들어, 담배를 많이 피웠지만 아내(건강상의 이유로 흡연을 좋아하지 않지만 남편을 마음대로 바꾸려 하지는 않음)를 위해 결혼 후 담배를 끊기로 결정한 남자를 생각해 보십시오. 처음부터 '비흡연자' 인가요? 아닙니다. 배우자도 남편을 금연시키기 위해 '전환 요법'을 하지 않았습니다.

여기서 일어난 일은 남자의 마음가짐과 우선순위(아내의 건강과 아내를 기쁘게 하기 위함)에 변화가 생겼다는 것입니다. 탈동성애자인 사람들도 마찬가지입니다. 그들은 SSA를 긍정하거나 추구하는 것이 아니라 **그들이 더 크고 더 좋다고 인식하는 다른 것을 추구하는 매우 다른 길을 스스로 발견하고 결정했습니다.**

탈동성애자는 세뇌된 사람이 아니다

'탈동성애자들은 세뇌된 사람들, 종교에 의해 세뇌된 사람들'이라는 주장이 종종 있습니다. 이것은 거의 탈동성애자들이 '언제나 크리스천/종교인'인 것처럼 보이기 때문에 자주 발생하는 주장입니다.

사실, 우리는 세상에 얼마나 많은 탈동성애자가 있는지 알지 못하며, 탈동성애자에 대한 적개심이 심화되는 사회적 분위기 속에서 점점 더 많은 사람들이 자신을 숨기려고 노력하고 있습니다. 따라서, 탈동성애자가 세뇌된 사람들이라는 주장은 근거 없고, 감히 개인적인 증언을 공개하고 공유한 사람들에게는 불공평한 주장입니다.

이러한 진술은 잘못된 것일 뿐만 아니라 마치 탈동성애자들이 자신의 삶과 욕구를 평가하고 자신에게 가장 좋은 것이 무엇인지 결정할 능력이 없는 것처럼 여기는 모욕적/공격적인 생각입니다. 많은 탈동성애자들이 그리스도를 알게 되었기 때문에 동성애를 추구하는 길에서 돌아선 경우일 수 있지만, 이것이 세뇌, 조작 또는 종교적 압박과 동일시된다는 제안은 근거가 없습니다.

크리스천들은 인생에서 하나님을 추구하는 것보다 더 큰 추구는 없다고 믿습니다. 구원받은 이의 자녀로서의 정체성이 가장 중요한 자리를 차지하며, 따라서 이 기독교 정체성이 게이 정체성을 대체하는 것은 매우 자연스러운 양상이고, 그들의 성에 관한 삶의 선택에 근본적인 변화를 가져옵니다.

자신의 정체성의 핵심에 다른 세속적인 성취를 두었을 수도 있는 모든 크리스천에게 우선 순위와 생각에 동일한 변화가 일어날 수 있습니다. 또 다른 예는 부를 축적하는 데 집착하는 부자가 될 수 있습니다. 그/그녀는 나중에 부를 추구하는 대신 자신이 가진 모든 것을 다해 하나님을 추구하기로 결정하고 따라서 이전 삶의 방식을 포기하기로 결정할 수 있습니다.

우리는 이 사람이 삶의 사고방식과 우선순위가 바뀌었다는 이유로 세뇌당했다고 주장하지 않아야 합니다. 자신의 삶을 추구하는 대신 그리스도를 추구하는 사람에게는 그러한 변화가 있습니다.

성경적으로 말하자면, 사고방식의 변화는 가능할 뿐만 아니라 계획이 요구됩니다.

고린도후서 3:18은 크리스천으로서 그리스도를 닮아가는 우리의 변화에 대해 말합니다.

(고린도후서 3:18)

"우리가 다 수건을 벗은 얼굴로 주의 영광을 바라보니 주의 형상으로 화하여 영광이 더하느니라"(NIV)

성에 관해서는 고린도전서 6:9-11에서 볼 수 있는 것과 동일한 기대가 적용됩니다.

"또 행악하는 자가 하나님의 나라를 유업으로 받지 못할 줄을 알지 못하느냐 미혹을 받지 말라 음행하는 자나 우상 숭배하는 자나 간음하는 자나 남색하는 자나 도적이나 탐람하는 자나 술 취하는 자나 중상하는 자나 토색하는 자들은 하나님의 나라를 유업으로 받지 못하리라" (고린도전서 6:9-11)

여러분 중에도 그런 사람이 있었습니다. 그러나 여러분은 주 예수 그리스도의 이름과 우리 하나님의 성령으로 씻음과 거룩함과 의롭다 하심을 얻었습니다. 다시 말하지만, 목표는 이성애가 아닙니다. SSA는 결코 사라지지 않을 수 있으며 그것이 목표가 아닙니다. **성화는 거룩함을 향한 것이며 모든 형태의 성적 부도덕에 적용됩니다.** 마음가짐의 변화는 성적인 욕망을 개인의 정체성의 핵심에 두지 않고, 대신 자신의 삶에서 예수님을 추구하는 데 초점을 맞추는 것을 의미합니다.

다시 돌아 선 탈동성애자(Ex-Ex-Gays)는 어떻습니까?

변화가 불가능하다는 의견의 지지자들은 탈동성애 사역의 일부 지도자들이

SSA를 추구하는 삶으로 되돌아 간 것과 성적 순결을 옹호하던 다른 기독교 지도자들도 마음을 바꾸고 순결함이 LGBTQ 커뮤니티에 해롭다고 비난하는 자세를 취하게 된 것을 언급하기를 좋아합니다. 그러한 사람들도 존재하며 그들이 다시 동성애자로 돌아간다 해도 다른 탈동성애자들의 경험과 선택이 무효가 되지는 않습니다.

그들 중 다수는 성적 지향이 의지적으로 변경/교정될 수 있다고 믿었지만, 실패를 수년간 경험하는 동안 이러한 생각을 믿거나 옹호한 것에 환멸을 느꼈습니다 [1]. 그들이 이제 '전환 치료' 금지를 적극적으로 지지하는 것은 놀라운 일이 아닙니다(Q8도 참조).

누군가에게 성적 지향을 바꾸도록 강요하는 것은 비윤리적이며, 크리스천인 우리는 그렇게 해서는 안 됩니다. **변화의 소망 - 강압적이거나 성경적이지 않은 노력을 통해 성적 지향을 바꿀 수 있다고 주장하는 것 또한 우리가 피해야 할 것입니다.** 우리의 최종 목표가 그것이 아닌데 왜 사람들에게 그런 약속을 해야 합니까?

하나님을 추구하는 것이 우리가 진정으로 하는 일이며 제자도의 과정에서 우리는 이 가치를 젊은 성도들에게 공유해야 합니다. **거룩함은 성을 포함하여 우리 삶의 모든 부분으로 확장됩니다.** 어떤 사람들은 또 다른 분야에서 사람들보다 어려움을 겪을 것이고, 또 다른 사람들은 성과 별 관련이 없는 분야에서 어려움을 겪을 것입니다. 그러나 투쟁은 사람마다 고유하고 개인적이며 투쟁이 끝나거나 우리에게서 사라지기를 기도하는 것도 매우 일반적입니다. 때때로 우리 중 일부는 실패를 경험하고 회개해야 할 수도 있습니다.

우리는 어떤 식으로든 꽤 오랜 시간 도박 중독을 '극복'했지만 또 다른 도박 중독의 물결에 다시 빠진 사람을 예로 들면서 도박과의 투쟁 자체가 해롭고 청지기(성결의 또 다른 측면)가 되는 것은 불가능하다고 제안하지 않을 것입니다. 이것이 하나님께 신실하려고 노력하는 크리스천의 길입니다. 그러므로 우리는 성욕으로 고군분투하는 사람들에게 위와 같은 제안을 해서는 안됩니다.

우리는 또한 이전 생활 방식으로 되돌아가는 사람들을 정죄해서는 안 됩니다. 그 이유가 건전하든 그렇지 않든 상관없이 그들은 그렇게 할 이유가 있습니다. **우리는 그들의 선택을 존중해야 하며, 또한 우리 자신이 계속해서 충실한 크리스천이 되어야 합니다. 즉, 진리와 사랑에 충실해야 합니다.** 하나님은 우리의 반역과 배교와 투쟁을 인내하십니다. 우리도 서로 주님과 같은 사랑과 인내와 친절을 나타내야 합니다. 서로 격려하고, 소금과 빛이 되고, 사랑으로 진리를 전하는 예수님의 좋은 증인이 됩시다.

사역을 위한 조언:

- 투쟁의 종류에 따라 크리스천을 차별하거나 판단하지 마십시오.

  ≫ 그리스도의 신실한 제자가 되기 위해 노력하고 헌신하는 사람을 보십시오

- 모든 사람을 일관되게 대하십시오.

  ≫ 정당하게 상과 명예 또는 징계를 주십시오.

- '배교'하는 사람들을 위해 참을성 있게 기도하십시오.

  ≫ 그들을 위한 계획은 오직 하나님만 아십니다. 그들을 위해 사랑으로 기도하고, 예수님을 추구하는 것을 포기한 사람들과 의미 있는 관계를 계속 유지합시다.

  ≫ 노골적으로 비난하지 마십시오. 우리는 생각과 결정 및 행위를 판단할 수 있지만 사람은 판단할 수 없습니다.

또한 보십시요;

-Testimonies by ex-gays: Truelove.is, Anchored North, Living Out

참조:

[1] 24 Former Ex-Gay Leaders Write In Support Of Kentucky Bill To Ban Conversion Therapy, 2020, https://www.metroweekly.com/2020/08/24-former-ex-gay-leaders-write-in-support-of-kentucky-bill-to-ban-conversion-therapy/, accessed 22 Aug 2020

질문 26
친구가 나에게 커밍아웃을 했는데 어떻게 해야 하나요?

신속한 답변:

이미 성경에서 명령한 것과 우리가 다른 누군가를 위해 우리에게 그들의 (성적이지 않은) 투쟁에 대해 마음을 터놓는 것과 크게 다르지 않습니다.

진정한 친구가 되십시오!

친구에게 자신을 신뢰해 준 것에 감사하고 좋은 관계를 지속해 주세요. 적극적으로 경청하고 판단을 보류 하세요. 그에 따라 대응하기 전에 상황을 평가하고 그 사람의 목표를 이해하십시오. 적절하게 대답할 준비가 되어 있지 않을 수 있으므로(정신적으로, 감정적으로) 성급하게 시도하지 마세요. 후속 조치를 잘 준비해서 나중을 도모하세요.

우리의 목표는 그 사람을 사랑하고 대화를 위한 안전한 순간을 제공하는 것입니다. 누군가가 당신에게 동의하지 않거나 거절하더라도 당신은 말을 은혜롭게 해야 합니다. 끊임없이 서로를 위해 최선을 다하십시오.

상황에 맞는 사역

누군가가 자신의 어려움이나 어려운 상황에 대해 우리에게 털어놓을 때 '사역'에 대한 정해진 답은 없습니다. 사람들은 공통된 이유가 있지만 종종 다른 목표를 위해 이전의 비밀 투쟁/상황을 다른 사람에게 공유합니다. 사랑하는 사람에 대한 우리의 '사역'에서 적절한 필요를 이해하고 분별하는 것이 중요합니다.

공통적인 이유는 '이해받고 싶고 받아들여지고 싶은 욕구', 즉 주의 깊게 듣고 경청하는 것입니다. 위로, 사랑, 그리고 아마도 용서를 찾는 것. 듣는 사람이 말하는 사람의 고충을 실제로 다 듣고 이해하기도 전에 그 사람이나 문제를 '해결'하려고 시도하는 것은 불행한 경향입니다.

우리는 하나님께서 우리에게 보여주신 자비를 항상 기억해야 하며, 따라서 우리에게 마음을 여는 사람에게 동일한 자비와 동일한 위로와 보살핌을 베풀어야 합니다. 판단을 보류하고 공감하고 경청하며 명확한 질문을 합니다. 즉 능동적 듣기를 연습하세요(자세한 내용은 [1, 2, 3] 참조).

우리는 다른 사람을 고칠 수는 없지만 주의 깊게 경청하고 진심 어린 배려와 관심을 보일 수 있습니다. 상황이 허락한다면, 우리는 또한 그들을 최고의 위로자이자 그들을 고통에서 벗어나게 해 주시는 예수님을 바라볼 수 있게 도와줍시다. 우리는 각 사람이 가지고 있는 다양한 목표를 인식하고 경청하면서 분별해야 합니다. 일반적으로 각자의 목표를 가지고 우리에게 마음을 여는 사람들은 다음과 같습니다.

돌아온 탕자

어떤 사람들은 도움을 원하기 때문에 자신의 은밀한 투쟁을 공개합니다. 그들은 자신이 바람직하지 않은 것에 맞서 싸우고 있지만 겉보기에 묶여 있는 것처럼 보이기 때문에 마음을 열고 있을 수 있으며, 하나님과 올바르게 살기 위한 여정에서 도움을 구하고 있습니다. 즉, 유혹을 극복하고 죄를 피하십시오.

구도자 또는 도전자

어떤 사람들은 믿음에 의문을 품고 있기 때문에 자신의 어려움을 말합니다. 그것이 항상 나쁜 것은 아닐 수 있으며 우리는 지혜롭게 대처해야 합니다. 이들 중에는 진실로 진리를 찾는 사람이거나 '진리'가 무엇인지 이미 결정 하고 기존의 성경 해석이나 당신이 가지고 있는 신념에 도전하기 위해 이 부류에 속하는 사람도 있을 수 있습니다 .

*(_____)와 대화하기

상황은 여러 형태로 나타날 수 있지만 일반적으로 위의 내용은 '개방적인' 대화에 따른 3가지 광범위한 목표를 나타 냅니다. 자신의 어려움을 공유하는 사람의 말을 적극적으로 경청한 후 그 사람이 어느 부류(목표)에 속하는지 파악하고 대화를 이어갑니다.

* 돌아온 탕자

- 그 사람이 당신을 신뢰해 준 것에 대해 감사하고 의를 추구하려는 그들의 용기와 열망을 확인하십시오.
- 투쟁은 특별한 것이 아니고 우리 모두가 어떤 식으로든 투쟁하고 있음을 확인합니다. 우리는 모두 은혜로 구원받은 죄인입니다. 적절하거나 유사한 경험이 있는 경우 의를 추구하는 자신의 투쟁과 여정에 대해 조금 나눌 수 있습니다(공유하는 것이 편안하고 도움이 되는 경우에만).

- 그들의 투쟁이 그들에게 어떤 영향을 미치고 있는지, 그들의 관계, 하나님과의 개인적인 행보에 대해 명확한 질문을 하십시오(필요한 경우, 관점을 성경과 가볍게 일치시킬 기회를 가지십시오).
- 그 사람에게 당신이 무엇을 또는 어떻게 도와주기를 원하는지 물어보십시오.
- 그 사람이 당신이 해줄 수 있는 도움보다 더 큰 도움을 원하는 경우, 그 사람을 상담사 또는 같은 투쟁을 극복한 사람에게 소개하는 것이 좋을 수 있습니다.

* 소중한 구도자

- 상대방이 당신을 신뢰해 준 것에 대해 감사하고 의를 추구하려는 용기와 열망을 지지합니다.
- 그 사람에게 당신의 사랑을 확인하고 그 사람을 위한 최선의 소망을 확인하십시오. 그/그녀와 함께 진리를 찾는 사람이 되야 합니다
- '개방적인' 첫 번째 대화에서는 당면한 주제에 대해 함께 성경 공부를 하는 것은 가장 좋은 시간이 아닐 수 있습니다. 준비가 되지 않았다면 성급하게 진행하지 마십시오. 무엇이 옳은지를 올바르게 파악 하는 것이 중요합니다. 그 주제에 관해 그 사람과 함께 개인적인 연구를 할 다른 모임을 구성하세요.
- 그들의 투쟁이나 질문에 대해 명확한 질문을 하십시오. (예: '당신은 어떠한 부분에서 그런 주제에 관심을 갖게 되었는지? 또는 어떤 부분이 그 문제 대한 인식을 크게 만들었습니까?', '당신이 언급한 정보의 출처는 무엇입니까?')
- 또한 그 사람에게 어떤 일이 일어날 수 있는지 물어봅니다. 그것이 그들의 관계, 그리고 하나님과의 개인적인 삶을 사는 것에 부정적인 영향을 주나요?
- 다른 방법으로 도울 수 있는지 물어보십시오. 그 사람이 당신이 해 줄수 있는 도움보다 더 큰 도움을 원하는 경우, 그 사람을 상담사, 같은 투쟁을 극복한 사람 또는 목사에게 소개하는 것이 좋을 수 있습니다.

* 성실한 도전자

- 공유한 문제에 대해 자신의 견해를 밝힐 수 있을 만큼 당신을 신뢰해 준 사람에게 감사합시다. 두 사람이 이야기를 공유하는 사이임을 확인하고 그들의 견해와 공유를 존중하십시오.
- 그 사람에게 당신의 사랑을 확인하고 그 사람을 위한 최선의 소망을 확인하십시오. 그/그녀와 함께 진리를 찾는 사람이 될 것입니다.
- 이야기를 나눔으로 인하여 원하는 결과가 무엇인지, 당신/교회에 기대하는

바가 무엇인지 물어보십시오. 자세히 들으시고, 공유한 요점에 깊이 관여할 필요가 없을 수도 있습니다. 즉각적인 감정/반응이 득보다 실이 많을 수 있으므로 말하는 내용을 처리할 시간을 가지십시오

- 그들의 투쟁이나 질문에 대해 명확한 질문을 하십시오. 예: '당신은 어떠한 부분에서 그런 주제에 관심을 갖게 되었는지? 또는 어떤 부분이 그 문제에 대한 인식을 크게 만들었습니까?', 당신이 언급한 정보의 출처는 어디입니까?'
- 또한 그 사람에게 어떤 일이 일어날 수 있는지 물어봅니다. 그것이 그들,그들의 관계, 그리고 하나님과의 개인적인 삶을 사는 것에 부정적인 영향을 주나요?
- 그 사람은 불행하게도 다른 동료 크리스천이나 교회로부터 여러 가지 상처와 실망을 경험했을 수도 있습니다. 상처와 실망의 원인이 그 사람에 대한 잘못된 접근/처우 때문이라면, 고충을 인정하고 가해자를 대신해 사과하는 것은 인간만이 할 수 있는 일입니다. 불만이 발생한 이유가 관점의 차이로 인한 것이라면 사과하지 마시고 그들의 아픔을 인정하십시오.
- 첫 상담은 깊은 대화를 나누기에 적절하지 않습니다. 그것에 대해 이야기 하기 위한 후속 조치에 동의하고, 다음 대화에서 논의할 매개 변수/사항을 설정하고 이를 위해 노력 하십시오.

결론 도출

위의 모든 내용은 자신의 성적 지향에 대해 공개하거나 SSA와 투쟁하는 사람에게만 국한되지 않습니다. 주제에 관계없이 좋은 대화에는 항상 상호 신뢰, 존중 및 헌신이 포함됩니다.

자신의 SSA에 대해 터놓고 이야기하는 사람을 위해 우리가 하는 일은 또 다른 투쟁이나 유혹의 경험에 대해 터놓고 말하는 사람과 크게 다르지 않아야 합니다. 우리는 그리스도를 추구하는 여정에서 서로 사랑하고 서로의 짐을 져야 합니다.

그 사람이 크리스천이 아니라면 적극적으로 그들의 나눔에 귀를 기울이고, 그들이 있는 곳에서 그들을 돕고(여기에는 실질적인 도움이 포함됨) 진리를 찾기 위한 조심스러운 여정을 시작해야 합니다. 크리스천으로서 우리는 예수님이 길이요 진리요 생명이심을 믿습니다. 진리를 찾기 위해 노력하는 것은 결국 하나님을 알거나 더 잘 알 수 있도록 우리가 선택할 수 있을법한 길입니다.

많은 세계관이 존재하는 세상에서 우리의 신념에 도전하는 질문이나 상황에 직

면하는 것은 흔한 일입니다. 크리스천으로서 우리는 우리가 무엇을 믿고 왜 믿는지를 알아야 합니다. 우리는 우리가 믿는 바를 변호할 준비가 되어 있어야 합니다. 우리가 진정으로 사랑하는 사람을 사랑한다면, 우리 자신을 준비하거나 우리에게 생소한 새로운 주제를 배우는 데 어려움을 겪어서는 안 됩니다.

마지막으로, 우리의 목표는 결코 그 사람과의 논쟁에서 이기거나 그 사람을 우리의 관점으로 '전환'하는 것이 아님을 기억하십시오. 우리의 목표는 그 사람을 사랑하고 대화를 위한 편안한 만남을 제공하는 것입니다.

그들이 있는 곳에서 그 사람과 함께 일하고, 좋은 친구/사랑하는 사람이 되십시오. 때때로 의견 불일치가 있을 수 있으므로 우리가 믿는 바를 알고 성경적 관점에서 흔들리지 않는 것이 중요합니다. 동시에 우리는 그 사람과 동의하지 않는 것에 동의하고 조화롭게 나아갈 수 있어야 합니다. 최선을 다해 평화를 지키고, 진리를 붙잡고, 하나님의 선하심과 주권을 신뢰하십시오.

사역을 위한 조언:

- 모든 종류의 사역과 교제에는 사랑과 진리가 함께 함을 기억하십시오.

  ≫ 그 사람을 사랑하는 것은 단순히 기도하는 것 이상으로 실제적인 방법으로 그 사람을 돕는 것을 포함합니다

- 예를 들어 어떤 사람이 동성 파트너와 방금 헤어졌다면 그것을 축하하지 마십시오! 그들과 함께 슬퍼하십시오. 그들의 이야기와 그들이 상처받는 부분이 무엇인지 경청하십시오. 낙심된 상태에서 회복되는 과정에서 위로하고 경청하십시오.

  예를 들어 누군가가 동성애적 삶을 추구하는 결과로 고통을 겪은 후에 마음을 열면, 그들의 말을 들어주고, 함께 슬퍼하고, 도움을 찾고, 치유를 위해 함께 기도하십시오.

  ≫ 진리란 흔들리지 않고 하나님을 추구하며 성경적 신념을 고수하는 것을 의미합니다.
  ≫ 수용적이고 성경적으로 잘못된 점/죄가 있는 것을 긍정하는 것은 그 사람을 해로움과 파괴로 이끌기 때문에 실제로 그 사람을 사랑하는 것이 아닙니다.

- 인내심을 갖고 항상 동의하거나 동의하지 않을 준비를 하십시오.

  ≫ 또한 준비가 되지 않았다면 토론에 뛰어들지 마십시오. 그 사람에게 최선을 다하고, 최선을 다하여 대화를 준비하십시오.

- SSA를 위한 교회 내의 하위 커뮤니티를 만들지 마십시오.
  ≫ 건강한 교회는 SSA를 가진 사람도 교회 내의 어떤 크리스천 그룹과도 어울릴 수 있는 교회입니다
  ≫ 너무 부끄러워서 토론하거나 거론할 수 없는 투쟁이라는 것이 없는 진정으로 포용적이고 사랑이 넘치는 교회를 만드는 데 집중하십시오. 이것은 모든 지도자와 구성원이 은혜와 사랑을 배우고 자신이 알지 못하는 투쟁에 대한 편견을 버려야 함을 의미합니다.
  ≫ 여전히 상담, 포커스 그룹 토론, 특히 성적인 주제에 대한 대화가 있을 수 있지만(전체적으로 [거룩한] 성의 범위 아래 SSA 및 기타 성적 취향에 대해 이야기하는 것이 좋습니다) SSA를 가진 사람들이 소외감을 느끼거나 '다르다'고 느끼지 않도록 하십시오.

참조:

[1] Active Listening Skills, 2020, https://www.psychologytoday.com/sg/blog/in-it-together/202006/active-listening-skills, accessed 9 Aug 2020
[2] Use Active Listening to Coach Others, https://www.ccl.org/articles/leading-effectively-articles/coaching-others-use-active-listening-skills/#, accessed 9 Aug 2020
[3] Active Listening Skills, https://www.mindtools.com/CommSkll/ActiveListening.htm, accessed 9 Aug 2020

Homosexuality

FAQs

사회참여

일반적인 어려운 질문

질문 27
기독교는 왜 사랑을 금합니까?
사랑이란 무엇입니까?

신속한 답변:

'사랑'은 사랑하는 사람에게 가장 좋은 것을 바라는 것입니다. 사랑은 힘을 주려고 할 뿐만 아니라 소중한 것을 보호하려고 합니다. 기독교와 성적 도착에 대한 기독교의 입장은 하나님에게 가장 가치 있는 것, 즉 우리 인간을 보호하고자 하는 것입니다. 그리스도께서 각 개인을 위해 죽으신 것이죠.

하나님은 사랑인가, 하나님은 사랑을 미워하는가?

사람들은 종종 하나님이 사랑과 성을 반대하신다는 가정하에 이 질문을 합니다. 이 가정은 하나님을 선의 근원이 아니라 기쁨을 싫어하는 분처럼 묘사합니다. 그러나 이것은 실제로 성경의 하나님과는 매우 다른 신입니다.

성경의 하나님은 인간의 성만 창조하신 것이 아닙니다. 거룩한 성은 그분의 영광을 반영합니다. 이성 간의 결혼이라는 맥락에서 섹스가 일어날 때, 그것은 새로운 인간의 삶을 창조하는 하나님과 같은 잠재적인 창조력을 가지고 있습니다.

인간은 하나님께 매우 귀중하며 자녀에게 좋은 부모가 필요하다는 데 모두 동의할 수 있습니다. 좋은 부모와 나쁜 부모를 구분하는 것은 '경계' 또는 '선'으로 구분할 수 있는 행동과 태도입니다. 하나님은 성경을 통해 인간 또는 자녀의 번영을 위한 최상의 조건을 만드는 데 도움이 되는 지침을 주셨습니다.

성의 창시자이자 인류의 가장 위대한 사랑이신 하나님은 타락한 상태에서 율법을 주시고 우리를 구원하기 위해 그분의 아들을 보내십니다. 그러나 율법만으로는 우리를 선하게 만들 수 없습니다. 따라서 예수님의 십자가와 성령의 사역은 우리를 그리스도가 그리스도의 형상으로 변화하는 데 도움을 줍니다. 하나님의 말씀은 오늘도 사랑을 죽이는 것이 아니라 사랑과 사랑하는 사람을 보호하기 위해 계속되고 있습니다.

사랑은 보호받을 자격이 있습니다

오늘날 우리는 기독교를 효과적으로 반문화적으로 만드는 문제에 직면해 있습니다. 오늘날 주류 서구 문화는 사랑을 다소 로맨틱하고 에로틱한 방식으로 이해합니다. 사랑은 또한 인간 완성의 열쇠로 인식되며, 따라서 합의된 로맨틱/에로틱 사랑을 가로막는 것은 용납할 수 없는 '아주 중요한 죄'입니다. 이러한 세상의 사랑을 받는 것은 인간 경험의 가장 중요한 부분이 되었습니다.

"사랑은 사심 없는 미덕이 아니라 소비되는 것이 되었습니다"

사랑을 보는 또 다른 관점이 있습니다. 사랑은 겸손하고 이기적이지 않고 무조건적으로 헌신하는 것입니다. 그러한 사랑이야말로 인간이 번영할 수 있는 환경을 조성해 주는 덕목입니다. 로맨틱하거나 에로틱할 필요는 없지만 자연스럽게 임신하고 자손을 부양할 수 있는 일부일처제 이성애 결혼의 하위 집합으로 올 수 있습니다. 그런 사랑은 소중합니다. 이러한 구조 역시 지원, 축하를 받을 자격이 있습니다.

이 사랑은 크리스천과 다른 보수주의자들이 옹호하는 것입니다. 즉, 인간 번영을 위한 환경을 제공하는 무조건적이고 겸손하며 헌신적인 사랑의 보호입니다. 그 사랑을 받거나 주는 사람을 위해 그 안에 무엇이 있는지 보는 것이 아니라 사랑하는 사람과 미래 세대가 얻을 수 있는 혜택이 무엇인지 봅니다. 이 사랑은 궁극적으로 개인의 가치가 큰 인간을 보호하는 역할을 하기 때문에 보호받아야 합니다.

급진적이고 위험한 변화로부터 보호

가족 단위는 사회의 전통적인 구성 요소였습니다. 활동가들은 종종 변화의 필요성을 정당화하고 특정 상황에서 동등하거나 더 나은 것으로 보이는 대안적 형태를 인식하기 위해 이성애 가족/결혼의 실패를 지적했습니다.

그러나 문제는 이성애 가족 설정의 결함에 관한 것이 아니라 우리의 타락한 인간 본성 때문입니다. 더욱이 어떤 형태의 성적 도착이나 혼인 외의 성행위는 찰나의 쾌락에 속아 사람들에게 반드시 해를 끼칩니다.

우리는 간음이 어떻게 결혼 생활을 무너뜨리는지 보았고, 일부일처제 결혼 이외의 성적 난잡함/개방적인 성행위가 성병과 HIV의 확산으로 이어진 것을 보았고, 비이성애 섹스(특히 MSM)도 높은 수준이라는 것을 알고 있습니다.

- 성행위 위험(Q9 및 Q10 참조).

이 모든 것은 1960년대 성 혁명 이후 증가하고 있습니다 [1, 2]. 예방 조치가 위험을 줄이는 데 도움이 될 수 있지만, 독신 생활의 순결과 결혼 생활의 충실함을 통해 완전히 피하는 것보다 더 좋은 것은 없습니다.

- **책임감 있는 성적 행위. [3, 4].**

만약 우리가 사회의 근본적인 개편과 함께 동반되어야 하는 대안이 정말로 더 낫다는 것을 증명할 수 없다면, 왜 우리는 완전히 자유로운 성 윤리를 확인하기 위해 법의 변화에 뛰어들고 문제를 야기해야 합니까?

그것을 옹호하기 전에 그 대안이 진정으로 더 나은지 스스로 발견하기 위해 시간과 노력을 들이는 것은 어떨까요? 이것은 앞으로 다가올 개인과 세대에 진정으로 이익을 주기 위해 이 논쟁에 대한 양쪽 이해 관계자가 결정할 수 있습니다.

기독교적 관점에서 본 결론

기독교는 이성애 가족을 옹호하지 않습니다. 왜냐하면 그들은 그러한 설정을 좋아하기 때문입니다. 인간의 일부일처 결혼은 그리스도와 교회 사이의 관계를 반영한다는 기독교 신앙과는 별개로(이는 다른 설정을 통해 반영될 수 없음), 일부일처 생활이 보여주는 선함으로 인해 사람들은 일부일처제도를 유지 합니다 .

하나님은 우리를 너무나 사랑하셔서 우리를 구원하기 위해서 그분의 아들을 아끼지 않으셨습니다. 그분의 율법은 인간이 인간의 형상과 인간이 번영할 수 있는 조건을 이해하는 데 도움이 되도록 주어졌습니다.

그것을 어기게 되면 '의도하지 않은' 부정적인 결과가 쏟아져 나올 수밖에 없습니다. 따라서 크리스천들이 LGBTQ 이야기를 긍정하지 않는 입장을 취하는 것은 실제로는 더 나은 방법이 있다고 말하는 것이며 이에 대해 국가의 시민으로써 합리적이며 정직한 토론을 해야 합니다.

사랑에 대한 기독교적 관점에서 다른 사람을 위해 목숨을 내놓는 것보다 더 큰 사랑은 없습니다. 진리를 수호하는 것이 점점 더 어려워질 때 우리는 서로를 위해 기꺼이 목숨을 내놓겠습니까? **성경을 믿는 크리스천이 진실한 이야기에 동의하는 이유는 공감과 관용입니다. 거절해야 하는 이유는 성경적인 사랑과 동정심 때문입니다.**

사역을 위한 조언:

- '사랑할 자유'를 무시하지 말고, 사랑이 사랑하는 사람을 위해 최선을 다하는 것을 의미한다는 점에 초점을 맞추고, 사랑하는 사람이 해를 입지 않도록 하십시오.
  ≫ 사람은 모든 것을 알지 못한다는 사실을 인정하기 위해 겸손해야 합니다.

- 대답을 너무 빨리하거나 또는 전혀하지 않던가 하지 말고 상대방의 의견을 적극적으로 경청합니다.
- 그 사람이 어디서부터 시작되었는지 이해하려고 노력하십시오.

  ≫ 반대하는 사람들을 진리를 찾는 여정에 함께 하도록 초대합니다
  ≫ 동의하지 않을 때 동의할 준비를 하십시오

참조:

[1] Sexually transmitted diseases in the USA: temporal trends 2017, https://www.ncbi.nlm.nih.gov/pmc/articles/PMC2598671/, accessed 22 Aug 2020
[2] Three STDs reach all-time highs in the US, new CDC report says, 2019, https://edition.cnn.com/2019/10/08/health/std-cases-rising-us-study/index.html, accessed 22 Aug 2020
[3]Abstinence, 2019, https://www.hhs.gov/opa/pregnancy-prevention/birth-control-methods/abstinence/index.html, 22 Aug 2020
[4]Abstinence(forteens),2019,https://kidshealth.org/en/teens/abstinence.html#:~:text=Abstinence%20protects%20people%20against%20STDs,to%20guarantee%20protection%20against%20STDs., accessed 15 Nov 2020

질문 28
크리스천들은 왜 그렇게 독선적입니까?

신속한 답변:

사람은 자신과 다른 의견이나 관점을 가지고 있을 때, 진리를 옹호하려고 할 때, 단순히 의롭게 살려고 할 때 독선적이지 않습니다. 오히려 독선적인 사람은 자신에게는 아무런 잘못이 없다고 생각하는 사람이며, 크리스천의 맥락에서 보면 성경이 그 반대라고 말할 때에도 자신은 잘못이 없다고 믿는 사람입니다.

크리스천들은 자신의 결점을 인식하고 구원자가 필요합니다. 다른 사람들과 마찬가지로 우리도 우리가 믿는 바를 항상 완벽하게 표현하지는 못할 수 있지만 그것이 신앙에 관한 모든 나눔을 중단할 이유가 되어서는 안 됩니다. 크리스천들은 예수님을 아는 것이 인생에서 가장 좋은 것이라고 믿습니다. 인생을 바꾸는 일입니다. 당신이 사랑하는 사람과 그것만큼 훌륭한 것을 공유하고 싶지 않나요?

자신의 의로움

누구나 재빨리 자신의 의로 행동할 수 있으며, 크리스천으로서 우리가 그렇게 했다면 우리는 더 나은 것을 추구합니다. 그러나 크리스천들은 자신이 의롭다고 생각하지 않습니다. 오히려 크리스천은 자신이 불의한 존재임을 잘 인식하고 날마다 예수님을 의지해야 합니다. 우리(크리스천 포함)는 우리가 모든 것을 알고 있다고, 우리는 틀릴리가 없다고 생각하는 오류를 범하기 쉬운 사람들입니다.

사람은 자신과 다른 의견이나 관점을 가지고 있을 때, 진리를 옹호하려고 할 때, 단순히 의롭게 살려고 할 때 자신의 의로 자만하지 않습니다. 자기 의로 가득찬 사람은 자신의 잘못이 없다고 생각하는 사람입니다. 크리스천의 맥락에서 우리의 도덕 표준은 성경입니다.

우리는 또한 모든 사람이 타락했으며 하나님의 율법은 우리의 결점을 지적하는 거울 역할을 한다고 믿습니다(Q11 참조). 따라서 자기의 의로 가득찬 사람은 성경이 그 반대라고 말할 때에도 자신이 잘못이 없다고 믿는 사람입니다 (Q16 참조).

오만 또는 사랑?

질문의 핵심: 왜 크리스천들은 자신이 다른 모든 사람보다 더 잘 안다고 생각합니까? 그리고 설령 그렇다고 해도 그것을 다른 사람에게 강요할 권리가 있습니까?

크리스천들은 우리 자신과 다른 사람들이 번영하는 데 진정으로 도움이 된다고 믿는 삶에 대한 접근 방식에 열정적입니다. 그러나 우리는 모든 것을 안다고 주장하지 않으며 우리 자신이 다른 사람보다 낫다고 생각하지도 않습니다. 그렇기 때문에 우리는 마찬가지로 이생에서 번창할 열쇠를 찾고 있는 모든 사람에게 마음이 열려 있습니다. 함께 여행하고 인생을 충만하게 만드는 것 뒤에 감추어진 진실을 찾으십시오.

우리가 무언가가 진정으로 좋다고 믿을 때 우리는 그것을 다른 사람들, 특히 우리가 사랑하는 사람들과 나누고 싶어할 것입니다. 어떤 것이 우리의 삶에 도움이 되었으면 다른 사람들도 그 혜택을 경험하기를 바랍니다. 복음은 크리스천들이 사랑하는 사람들에게 이 좋은 소식을 전하기를 바라는 긍정적인 변화의 힘을 우리 안에 가지고 있습니다. 우리가 누군가를 진정으로 사랑할 때 우리는 그/그녀를 위해 최선을 다할 것이며, 그것은 복음과 예수님과 그분의 길에 대한 지식을 나누는 것입니다.

크리스천들은 다른 사람들에게 강요합니까? 때때로 언론이나 매우 목소리가 큰 소수의 사람들이 기독교를 다른 사람들을 판단하는 것으로 묘사할 수 있습니다. 그러나 대부분의 경우 크리스천들은 그렇게 하는 데 관심이 없습니다.

그러나 우리는 모두 거룩하고 의로운 재판관이신 하나님 앞에 우리의 행위에 대하여 대답해야 할 날이 온다고 믿습니다. 오직 하나님만이 모든 인류와 그들의 악행을 보시는 궁극적인 심판자이십니다.

그분은 우리가 그분의 방식을 이해하고 그에 따라 생활하기만 한다면 우리의 삶이 얼마나 더 나아질 수 있는지 아십니다. 그러나 그분은 누구에게도 그들의 행동이나 믿음을 바꾸라고 강요하지 않으십니다.

마찬가지로 크리스천은 특정 신념이나 행동에 동의하지 않지만 다른 사람들에게 그들의 신념이나 행동을 바꾸라고 강요하지 않습니다. 그러나 우리가 하나님과 바르게 지내며 충만한 삶을 살기를 바라는 하나님의 마음처럼 그리스도인들도 우리의 사적, 사회적, 시민적 삶을 살아가는 방식에서 같은 마음을 표현합니다.

우리의 개인 생활과 사회 생활 및 시민 생활 모두에서 크리스천은 인류에게 하나님이 누구시며 그분이 우리가 이 세상을 살도록 어떻게 설계하셨는지 알려주도록 부름 받았습니다. 하나님께 순종하는 것이 원동력입니다. 동기부여, 최선을 다해 사는 삶은 우리가 하나님을 추구한 결과입니다.

모든 사람은 의의 개념을 가지고 있습니다.

우리는 모든 사람이 자신만의 도덕적 나침반을 가지고 있다는 사실을 깨달아야 합니다. 우리 모두는 무엇이 옳고 그른지에 대한 견해를 가지고 있습니다. 크리스천들이 자주 시도하는 것은 친구, 사랑하는 사람을 자신들이 개인적으로 경험한 좋은 것으로 인도하는 것입니다. 좋은 것이 무엇인지 어떻게 알 수 있습니까? 확실하게 서로에 대해서 폐쇄적으로 대화하는 것이 아니라 서로 존중하며 대화하는 것입니다.

우리는 서로에게 최선의 것을 바라는 공동 관심사를 공유하므로 손가락질, 낙인 찍기, 욕설을 중단해야 합니다. 와서 함께 생각하고, 서로에 대한 우리의 가정은 접어둡시다. 서로에게 최선이라고 생각하는 아이디어를 교환합시다. 독선적이지 말고 정직하고 겸손하게 함께 진리를 구합시다.

사역을 위한 조언:

- 그 사람의 관점을 이해하는 것부터 시작하십시오.

  ≫ 진심으로 듣고 더 깊은 대화로 인도하는 "길"을 주실 성령님을 믿으십시오.
  (예) "제 말은 그들이 항상 옳고 그른 것을 안다고 생각하고, 다르게 생각하는 사람들보다 자신이 더 낫다고 생각하는 것처럼 독선적이라는 것입니다!" 여기서 길은 옳고 그름의 문제입니다

  ≫ 그런 다음 "고마워요. 그래서 물어봐도 될까요, 지금 당신이 말하는 것이 "옳다"고 믿습니까?" "우리는 우리가 진정으로 믿는 것을 공유합니다. 즉, 우리가 옳다고 믿는 것을 공유합니다. 우리 둘 다 어떻게 옳은 삶을 살기를 원하는지, 그리고 그렇게 하기 위해 최선을 다할 수 있는 방법에 대해 대화를 나눌 수 있을까요?"

- 함께 진리를 찾도록 격려하십시오. 사람을 변화시키려는 논쟁에서 이기려고 하지 마십시오.

  ≫ 인내심을 갖고 들어주십시오. 자신의 요점으로 성급하게 응답하지 마십시오.
  ≫ 기회가 있을 때 반대 의견을 나누십시오. 성경이 어떻게 우리가 번성하도록 돕고 선함이

그리스도를 따르는 데 얼마나 유익한지

≫ 결정은 개인에게 맡기십시오. 좋은 관계를 유지하면서 서로 다름에 동의하십시오.

≫ 당신 앞에 있는 사람도 하나님의 형상으로 만들어졌다는 것을 기억하십시오. 당신은 그/그녀의 생각을 거부할 수 있지만, 하지만 그/그녀의 인생 여정에 감사하고 가치를 더합니다.

질문 29
과연 크리스천은 동성애 혐오자입니까?
크리스천들은 동성애를 인정하지 않기 때문에
동성애 혐오자입니까?

신속한 답변:

이 질문의 근본적인 가설은 "반대하는 이유는 동성애에 대한 두려움 때문"입니다. .그러나 동성애에 대한 기독교의 반대는 두려움에서 비롯된 것이 아닙니다. 대신 사랑의 입장에서 반대합니다. 우리는 다른 사람을 위해 최선을 다하길 원하며 최선에 대한 관점이 다를 수 있지만 확실히 다른 사람에게 해를 끼치기를 바라지는 않습니다. 훌륭한 크리스천들은 동성애 혐오를 반대하고 대신 사랑하길 원합니다. 우리는 더 나은 길이 존재하고 그 길이 그리스도 예수를 추구하는 거룩함임을 믿기 때문에 동성애를 찬성하지 않습니다.

동성애 혐오 설명

Merriam-Webster 사전은 동성애 혐오를 "동성애 또는 동성애자에 대한 비합리적인 두려움. 혐오 또는 차별"로 정의합니다 [1].

브리태니커 백과사전에는 "동성애자에 대한 문화적으로 생성된 두려움 또는 편견"이라고 부르는 항목이 있습니다 [2]. 두가지 정의 모두 동성애 혐오자로 정확하게 기술되기 위해서는 '두려움'과 '차별/편견'의 요소가 존재해야 합니다. 크리스천은 두려워하지도, 차별하지도 않습니다.

반대 VS 두려움 또는 차별

동성애자를 두려워하거나 미워하는 크리스천이 있을 수 있지만 기독교와 그 가르침은 그렇지 않습니다. 여기서 핵심은 '우리의 믿음과 행동을 이끄는 것이 무엇인가'입니다. 우리의 믿음과 행동이 두려움에 기반을 두고 있다면 크리스천으로서 우리는 그것을 인정하고 두려움이 우리의 믿음과 행동에 대한 비성경적인 기반임을 인식하고(요일 4:18) 이를 바로잡는 겸손을 가져야 합니다.

- 동성애에 대한 기독교의 반대는 두려움에서 비롯된 것이 아닙니다. 대신 사랑하기 때문에 반대의 목소리가 나옵니다 (Q11 참조).

우리나 다른 사람들에게 해를 끼치는 다른 행동들과 마찬가지로, 크리스천들은 그러한 행동을 인정하지 않는 올바르고 사랑스러운 일을 하고 있을 것입니다. 동성 간 성행위는 특히 MSM(Q9 및 Q10 참조)이 더 위험한 것으로 알려져 있으므로 그러한 위험이나 피해로부터 사람들을 보호하기 위해 반대합니다.

SSA와 관련하여, 우리는 그것을 받아들이는 것이 우리를 하나님으로부터 멀어지게 하고 우리 자신을 해치는 방향으로 이끌 것이라고 믿으며, 실제로 그리스도 안에서만 존재하는 더 큰 기쁨과 비교할 수 없습니다. 그러므로 우리는 사람들을 사랑하고 그들에게 최고의 것을 주길 원하기 때문에 동성애를 지지하지 않을 것이고 지지할 수 없습니다(Q18 및 Q23도 참조).

따라서 기독교는 우리의 믿음과 행동의 기초로 두려움이 아닌 사랑하기 때문에 동성애 혐오를 강력히 반대합니다. 다른 사람을 사랑한다는 것은 그들을 위해 최선을 다하기를 원하고 노력하는 것을 의미합니다.

차별이나 해를 끼칠 여지를 남기지 않습니다. 양 당사자가 상대방에게 "최고"가 무엇인지에 대해 반드시 같은 기준일 필요는 없지만, 사랑은 확실히 크리스천이 동성애 및 기타 여러 문제에 대해 입장을 취하는 이유의 핵심 동기입니다.

'동성애 혐오/동성애 혐오자' 낙인의 위험

"동성애 혐오" 또는 "동성애 혐오자"라는 용어가 크리스천을 지칭하는 데 사용되는 경우, 이 용어는 LGBTQ 활동가의 관점과 일치하지 않는 모든 소리를 침묵시키기 위해 일반적이고 광범위하게 사용되는 용어라는 점을 인식하는 것이 중요합니다. 그것은 의미 있는 토론의 가능성을 차단하고 서로의 다른 관점을 더 잘 이해하려고 시도합니다.

우리의 LGBTQ 친구들과 동료들에게 어떤 사람을 동성애 혐오자라고 부르는 것은 그 사람을 이해하는 데 도움이 되지 않을 것입니다. 그 결과 아이러니하게도 대화를 통한 이해도가 높아지는 것이 아니라 사회적 압력을 통해 순응을 강요당하고 있습니다.

만약 당신이 진심으로 다리를 짓고 편안한 만남을 갖는 것에 관심이 있다면, 우리는 낙인 찍는 것을 중단하고 마음속으로 다른 사람들의 가장 좋은 관심사를 공유하기 시작합시다.

동성애/LGBTQ에 대한 기독교의 접근

크리스천들이 동성애에 매달리고 동성애가 다른 어떤 것보다 더 심각하고 더 나쁜 죄라고 생각한다는 신화가 있습니다. 이것은 거짓이며 크리스천들은 동성애를 다루는 데에만 집중하지 않습니다(Q11 참조). 오히려, 아마도 우리는 그것에 충분히 관심을 기울이지 않았기 때문에 LGBTQ 커뮤니티의 일원인 누군가에게 친구나 목사로서 우리의 잠재력을 최대한 발휘하지 못했을 것입니다.

기독교는 인류의 많은 불안을 종식시키는 역할을 했습니다. 노예 제도 폐지에 앞장서고, 홀로 코스트 기간 동안 유대인을 조건 없이 보호하고, 물질주의에 대한 저항, 희생적 헌신, 궁핍한 사람들을 돕기 위한 선교 여행, 낙태 반대 운동은 크리스천들이 싸워온 많은 다른 이유들 중 일부일 뿐입니다.

왜 이럴까요? 다시 말하지만 그것은 사랑 때문입니다. 우리는 모든 사람이 하나님의 형상으로 만들어졌으며 존엄과 보호와 보살핌을 받을 자격이 있다고 믿습니다. 동성애에 대한 우리의 접근 방식은 일부 지역에서는 다소 적절하지 않은 것처럼 보일 수 있지만 실제로는 이 주제와 관련하여 우리가 직면한 문제에 대한 반응일 뿐입니다. 그것은 반작용적인 반응입니다.

기독교는 사람들을 억압하려는 종교 운동이 아닙니다. 기독교는 우리가 회개하고 그분 안에서 우리 자신을 재발견할 수 있도록 우리 모두를 향한 하나님의 부르심에 관한 것입니다(이것이 참된 실재입니다). 그분의 말씀에 대한 모든 반역적인 생각과 행동은 크리스천에게 개선이 필요한 영역 이며, 인간 성의 혼란은 계속되는 더 큰 반역의 한 영역에 불과합니다. 우리는 사람들을 위한 최선의 것을 원하며 우리는 예수님이 최고라고 알고 있습니다.

사역을 위한 조언:

- 논쟁을 바로잡거나 이기기 위해 노력하기보다 능동적으로 경청하는 데 중점을 둡니다.
- 이 점에 대해 이야기를 끊지 마십시오. 합리적인 사고를 가진 구경꾼들은 대화에서 누가 가장 괴롭히는 사람인지 빠르게 깨닫게 될 것입니다
- 당신이 설교하는 것을 실천하십시오: 동성애만을 강조하지 마십시오. 거룩한 성에 대해 이야기하십시오 . 또한 이성애의 제멋대로인 행동을 책망합니다.

  ≫ 더욱 좋은 점은 모든 영역에서 거룩한 삶을 사는 것입니다!
  ≫ 하나님을 따르는 삶을 인생의 최우선 목표로 삼고 사람들을 사랑하십시오.. 당신의 말

과 행동에서도 나타나야 합니다

- 성적인 것이 전부는 아닙니다. 사람들에게 하나님 안에 있는 그들의 정체성과 하나님이 약속하신 풍부한 삶에 주목하게 합시다.

  ≫ 한 사람의 성에만 초점을 맞추는 것은 누군가가 예수님을 알고 싶어하게 만들지 않을 것입 니다.
  ≫ 크리스천은 개인을 사랑하는 데 초점을 맞추고 개인에게 예수님의 인격을 참을성 있게 소개해야 합니다.
  ≫ 우리는 우리가 원하는 것이 아니라 꼭 필요한 것을 갖게 될 것입니다. 왜냐하면 우리의 욕망은 우리를 위한 하나님의 뜻과 계획에 반대될 수 있기 때문입니다. 우리 모두는 하나님을 알고 신뢰하는 법을 배워야 합니다.

참조:

[1] Definition of Homophobia, https://www.merriam-webster.com/dictionary/homophobia, accessed 23 Aug 2020
[2] Homophobia, https://www.britannica.com/topic/homophobia, accessed 23 Aug 2020

질문 30
왜 크리스천들은 세상 사람들에게
그들의 종교적 견해를 강요하고 있습니까?

신속한 답변:

크리스천 또한 한 국가의 시민입니다. 그들 역시 반드시 그들의 세계관을 공유하지 않는 더 큰 사회에 속해 있습니다. 선하고 활동적이며 걱정이 많은 시민이라면 누구나 중대한 사회적 논쟁/토론 또는 딜레마에 직면했을 때 그러하듯이. 크리스천도 마찬가지로 참여할 것입니다. 그리고 강요하지 않습니다. 크리스천은 사람들이 믿는 것을 믿도록 결정하거나 강요할 권한이 없습니다.

강요의 정의

어떤 입장이 다른 사람이 따르거나 준수해야 할 것으로 확립되었을 때 강요한다고 말할 수 있습니다. 이를 두 가지 수준에서 고려할 수 있습니다. 크리스천인은 자신의 세계관에서 행동 기준을 지켜야 하지만, 크리스천이 그들이 원한다고 믿지 않는 자들이 성경을 위반하는 삶을 사는 것을 막을 능력이 없습니다.

그러므로 크리스천들이 성경이 아니라 국가/사회적으로 제정한 법에 매인 세상 사람들에게 그들의 종교적 견해를 강요하고 있다고 말하는 것은 신학적으로나 실제적으로 거짓입니다.

싱가포르의 시스템

싱가포르의 세속주의는 원근법적 세속주의가 아니라 '실용주의적/순응적' 세속주의에 훨씬 더 가깝습니다. 싱가포르는 다종교 사회입니다. 세속적이지 않습니다. 싱가포르는 강경 세속주의를 따르지 않습니다.

싱가포르의 세속주의 브랜드는 반신론적이지 않으며, 공공 정책 형성에서 보수적 사고를 배제하지도 않습니다(관점적 세속주의). 또한 대중/사회를 세속적인 것으로 묘사하는 것도 정확하지 않을 것입니다. 싱가포르 사회는 각각 고유한 도덕 규범을 가진 다종교 구성 요소로 구성되어 있음이 분명하기 때문입니다.

수용적 접근법 때문에 싱가포르 사람들은 종교가 정치적 지배력을 얻지 않고도 사회에서 인정받는 우리 사회에서 종교의 자유와 다원주의를 누릴 수 있습니다 [1].

따라서 싱가포르의 세속주의에 대한 의미 있는 논의는 종교 자유와 종교 다원주의가 공존하는 현실도 설명해야 합니다. 시민사회 담론에 종교 단체가 참여하는 것은 세속주의를 침해하는 것이 아닙니다. 그들은 사회 구성원의 일부입니다.

운영상 종교와 국가의 분리는 청교도적 형태로 존재하지 않습니다. 싱가포르 정부는 통합 리조트와 같은 공공 도덕 문제에 대해 종교 단체와 협의하고 MRT 트랙을 통해 종교 지도자들로부터 공동의 축복을 받습니다.

게다가 공휴일의 절반 이상이 사실상 종교적인 날이고 힌두교 기부금 위원회(Hindu Endowments Board) 및 MUIS와 같은 종교 기반 법정 위원회가 공적 자금으로 자금을 지원하는 경우 아무도 불평하지 않습니다. 이들은 국가의 이익을 위해 존재합니다. 대중적인 광장에서 자신의 의견을 표현하는 것은 종교 기관의 특권이며 이것이 민주 공화국의 본질입니다.

강요하지 않고 제안하는 시민

우리에게도 주류 대중의 영향을 받아 주류 대중 생활을 구성하는 것에 기여하고자 하는 자녀, 가족 및 친구가 있습니다.

크리스천과 다른 종교인도 시민이며 사회적 담론에서 동등한 비중을 차지합니다. 그들은 자신의 견해를 강요하는 것이 아니라 제안합니다. 이것은 대중적 의견이 아닌 입법부에서 정책과 법이 만들어지는 이유입니다.

크리스천들이 국가의 정책 지형을 주도하고 있다고 주장하는 것은 그 결과로 의회와 사법부의 독립을 불법화하는 위험한 논쟁에 참여하는 것입니다.

종교적인 지식을 가지고 있으며, 전적으로 종교적인 추론이 아니다 더욱이, 종교적으로 정보에 입각한 견해는 종교적 추론에만 근거할 필요는 없으며 다른 방법으로 검증될 수 있습니다(Q9 및 Q10 참조).

예를 들어;

- 동성애 및 관행에 대한 의학은 비종교적입니다.
- 사회적 영향과 결과도 비종교적입니다.
- 납세자의 돈을 쓰는 것도 비종교적입니다.

합리적인 관점의 표현은 모두가 공유하는 양도할 수 없는 권리이며 시민 사회의 건전한 담론에 긍정적으로 기여합니다. 우리는 단지 종교인들이 대중의 목소리를 듣기를 원하기 때문에 신권정치를 향해 나아가고 있는 것이 아닙니다.

공공 정책은 가장 큰 소리로 외치는 쪽이 이기는 것처럼 보이는 대중의 의견이 아니라 서로 다른 견해를 공정하게 고려해야 하는 입법부가 처리합니다.

사회의 일부인 종교 단체는 동등한 기회를 가지며 사회/공공 정책의 형성과 관련하여 보수주의를 표명할 도덕적 책임이 있습니다. 종교단체의 입장 표명을 허용하지 않는다면 진보 못지않은 보수적 입장의 보루는 누가 되겠습니까?

이것은 비단 크리스천만의 견해가 아닙니다

크리스천과 가톨릭 신자는 사회의 18.8%에 불과합니다. 무슬림은 14%를 차지합니다.

만약 당신이 이 커뮤니티들로부터 완전한 매입을 받았다면, 당신은 여전히 보수진영의 32.2%를 차지해야 할 것입니다. 왜냐하면 최근의 IPS 여론 조사는 싱가포르 사람들의 약 64%가 '동일한 성별의 두 성인 사이의 성관계'가 적어도 거의 항상 틀렸다고 생각하기 때문입니다,

그리고 또 다른 설문 조사에서는 55%가 377A를 적극적으로 지지하는 것으로 나타났는데, 반대하는 사람은 12%에 불과했습니다. 그래서 도덕성이 이 논의를 주도하고 있지만, 율법적 도덕이 이 논의를 주도한다는 생각은 분명히 과장된 것입니다.

평가의 공정성은 동등하게, 사람들은 왜 하나의 도덕 체계가 공공의 선에 근거한다는 이유 외에 다른 도덕 체계보다 우선되어야 하는지 물어야 합니다. "사랑의 자유"가 도덕적 근거가 없는 중립적인 입장이라고 가정하는 것은 거짓입니다. 도덕적으로 보수적인 싱가포르 사람들이 그들의 목소리를 듣기 위해 사회적으로 경쟁하는 것처럼, "사랑은 사랑입니다"라고 말하는 사람들도 마찬가지입니다.

그러면 질문자에게 돌아오는 질문은 다음과 같습니다. "무엇이 당신에게 세속적이거나 중립적인 입장인 척함으로써 나와 사회의 나머지 사람들에게 당신의 견해를 강요할 권리를 주나요?" 가장 중요한 것은, "무엇이 당신의 도덕적 위치를 우리보다 더 좋다고 생각하게 만드나요? 당신의 이유는 무엇입니까?"

한 사회의 모든 구성원은 그들 자신의 자유를 공식화할 수 있습니다 의견과 공

개적인 대화에 참여합니다. 이러한 견해가 본질적으로 종교적이든 개인적인 정서에서 나온 것이든 상관없이, 견해는 법으로 제정되기 전에 그 장단점을 따져 봐야 합니다.

사역 팁:

≫ 당신의 참여에 있어서 그리스도의 성품을 유지하는 한 참여하는 것을 두려워하지 마십시오

≫ 적대자를 조롱하거나 창피하게 하지 마십시오. 오히려 선으로 악을 갚고 너희를 비방하는 자들이 자기의 말과 행동으로 말미암아 스스로 부끄러움을 당할까하여 양심을 깨끗하게 하라는 말씀을 기억하세요.

• 합리적이고 사실에 근거한 주장을 하십시오.

≫ 토론을 잘 준비하십시오

≫ 성경적 입장이 무엇이며 왜 합리적인지 알고 있어야 합니다.

• 기독교적 도덕성이 정단한 시스템인 이유를 나누는 것을 두려워하지 마십시오(Q11 참조).

참조:

[1] Religion and Politics in Singapore, https://cathedral.org.sg/courier-online/single/religion-and-politics-in-singapore, accessed 12 Nov 2020
[2] Singapore society still 'fairly conservative' but the young, educated more open towards homosexual issues: IPS, 2019, https://www.channelnewsasia.com/news/singapore/ips-survey-gay-homosexual-issues-conservative-society-11496758, accessed 23 Aug 2020
[3] 55 per cent of Singapore residents support Section 377A: Ipsos survey, 2018, https://www.straitstimes.com/singapore/55-per-cent-of-singapore-residents-support-section-377a-ipsos-survey, accessed 23 Aug 2020

질문 31
동성애를 긍정적으로 묘사하는
미디어를 문제삼는 이유는 무엇입니까?

신속한 답변:

미디어는 우리 삶에 큰 영향을 미칩니다. 정보를 제공할 수 있을 뿐만 아니라 행동과 신념을 정상화할 수 있습니다. 어떤 것을 정상화할 때 우리에게 묘사되고 있는 것이 정확한지 진실한지 신중하게 고려해야 합니다.

어떤 사람이나 종족 집단을 악마화하는 것은 미디어를 통해 일어나서는 안 되며, 크리스천으로서 우리는 특히 악의가 있을 때 그러한 부당한 묘사를 억제해야 합니다. 그럼에도 불구하고, 특히 문맥이 그것을 허용하고 그것이 사실일 때/완벽하지 않은 우리의 현실에 대한 느낌을 줄 때, 어떤 형태의 부정적인 묘사에 대해서도 빠르게 부정하는 경향은 또 다른 극단입니다.

마지막으로, 모든 공정성에서, LGBTQ 옹호자들이 종교인들을 악마화하거나 또는 그들에게 동의하지 않는 사람들에 대해서도 동등하게 싸울 것입니까? 우리는 우리의 평가와 대응에서 공정해야 합니다.

문제 및 우려 사항 이해

질문자들은 "매체에서 동성애를 조장하는 것이 무엇이 잘못되었나요? 왜 우리(크리스천, 비크리스천, 친LGBTQ 등)가 미디어에 동성애가 나오는 것을 큰일로 여기는 거죠?" 우리는 공통점을 찾고 인식을 명확히 함으로써 이것을 이해하기 시작할 수 있습니다. 참여 과정에서 "'긍정적인 묘사'가 의미하는 바를 이해하도록 도와주실 수 있나요?"와 같은 질문으로 시작할 수 있습니다.

그 사람의 관심사가 무엇인지 잘 들어보세요. 어떤 사람들은 '긍정적인 묘사의 결여'를 단지 동성애자를 나쁜 동성애자나 일반적으로 금기시하는 변태적인 사람으로 제시하는 것으로 간주합니다.

다른 사람들은 '긍정적인 묘사의 부족'을 동성애를 규범적인 것으로 인정하지 않거나 이성애자와 동등한 종류의 관계로 인정하지 않는다고 생각합니다. 아마도 일부 다른 사람들은 그것이 단지 동성애적인 캐릭터나 주제의 일반적인 부족 때문이라고 느낄 것입니다.

이 질문 뒤에는 동성애가 완벽하게 정상적이고 (심지어 이런 식으로 태어나더라도) 검열을 받아서는 안 된다는 핵심 가정이 있습니다/방송 규제나 긍정적인 묘사 모두 동등하게 받아야 합니다.

하지만 일부 생물학적 상관관계가 관찰되기는 하지만 과학은 실제로는 누구도 게이로 태어나지 않는다는 것을 보여주었습니다(Q5 참조). 상관관계는 인과관계와 다릅니다. 게다가 동성애 성행위(특히 남성 사이)는 더 위험하고 신체에 해롭습니다(Q9 및 Q10 참조). 대중 매체에서 축하하는 것이 정말 좋은 생각일까요? 이것이 크리스천과 보수주의자들이 염려하는 이유입니다.

크리스천/보수주의자가 우려하는 이유는 무엇인가요?

1. 미디어의 영향

미디어가 전송하는 모든 것은 메시지입니다. 그러므로 크리스천이든 아니든 우리 모두는 미디어가 보내는 메시지를 평가하고 이러한 메시지가 진실하고 유익한지 스스로에게 질문해야 합니다. 우리는 미디어가 우리 삶에 미치는 큰 영향을 인식해야 합니다. 미디어는 정보를 제공하고 즐겁게 하며 종종 교육을 제공합니다. 젊은이들은 특히 감수성이 예민하며 그들이 미디어를 통해 보는 것에 영향을 받습니다.

우리는 실제로 성인용 주제(예: 섹스, 고어 등)에 대한 조기 노출로부터 어린이를 보호할 필요성을 인식하고 미디어 콘텐츠 규제를 위한 분류를 시행했습니다. 동성애와 관련하여 보수주의자들은 어린 아이들이 아직 자신의 성 정체성을 이해하고 이해하려고 노력하고 있기 때문에 그러한 성적인 주제에 조기에 노출되어서는 안 된다고 믿습니다.

어느 시점에서 SSA를 경험하는 많은 젊은이들은 사춘기 이후에 그것을 경험하지 않지만(Q5 참조), 그들이 미디어에서 보는 것은 성적 실험을 통해 판도라의 상자를 열게 하여 그들의 정체성 형성에 영향을 미칠 수 있습니다.

2. 표현의 균형 – 사실적인가, 왜곡되었는가?

언론이 동성애를 대변할 때, 우리는 그 묘사가 정확한지 아니면 진실한지 평가할 필요가 있습니다. 또한, 특정한 종류의 대표성 뒤에 특별한 의제가 있습니까? 허구적인 이야기와 창의적인 표현을 위한 공간이 있는데, 이는 나중에 살

펴볼 것입니다

대표적인 관점으로, 우리는 아주 소수의 동성애 정체성 또는 정해진 성이 없다고 믿는 정체성을 가진 사람들의 비율이 매우 작다는 것을 인식해야 합니다. 하지만 불균형하게도 매우 많은 영화들이 동성애 또는 무성애 등 매우 소수 중심적인 메시지와 같은 주제를 가지고 나옵니다. 그것은 우리로 하여금 잠시 멈춰서 언론에서 동성애나 동성애 행위의 무거운 배경이 되는 원동력이 무엇인지 질문해봐야 합니다.

동성애를 장려하기 위한 공공의 노력, 수용/확인을 강요하는 언론의 압박, 그리고 순전히 압도적인 양과 표현의 축하를 통해 그것을 정화하라는 언론의 압력이 있는 것 같습니다. 그러한 노력은 잘못된 인상을 줄 수 있고 세계의 LGBTQ/동성애 인구의 규모를 과도하게 부풀려 법에 대한 인식 등에 영향을 미칠 수 있습니다.

3. 부정적인 묘사와 공정성

동성애가 부정적인 시각으로 묘사될 때 기분이 상하는 사람들은 특정 부정적인 낙인이 지속되고 있다는 우려에서 그렇게 하는 것일 수 있습니다. 이는 타당한 우려 사항이므로 모든 형태의 부정적인 묘사의 목적을 평가해야 합니다. 이 맥락에서 부정적인 묘사란 동성애자를 정신적으로 어려움을 겪고 있거나 성적으로 변태적인 사람이나 범죄자로 묘사하는 것을 의미합니다.

부정적인 묘사가 오락을 위한 것이라면(즉, 명백히 허구적임) 모든 동성애자들을 정신적으로 건전하지 않거나 범죄자로 보이게 의도적으로 만들지 않는 것이라면, 우리는 그것을 폐쇄하려고 너무 성급히 시도해서는 안 됩니다. 물론 그 의도가 동성애자들에 대한 공포심을 불러일으키는 것이라면 그것은 우리가 인정하거나 지지하지 말아야 합니다.

다른 형태의 정체성에도 동일하게 적용됩니다. 우리는 때때로 교회 지도자들을 위선자, 비과학적, 성범죄자 등으로 보이게 만드는 영화를 봅니다. 종교는 종종 영화에서 신비주의와 불합리한 것으로 일축됩니다. 이 영화들 중 일부는 제대로 행동하지 못한 크리스천/종교인들이 실제로 있다는 현실감을 주기 위해 그렇게 합니다.

크리스천들은 일반적으로 그러한 부정적인 묘사가 비웃을 의도가 아니라면 용인하며 묘사가 도를 넘을 경우 정중하게 목소리를 높입니다.

인간의 다양한 경험(좋고 나쁨)이 있는 세상에서 미디어는 우리가 현실을 파악

하고 성찰하도록 도와줍니다. LGBTQ 활동의 핵심이 미디어에서 동성애에 대한 공정하고 긍정적인 묘사에 대한 열망이라면, 그들은 또한 미디어에서 자신의 정체성이 잘못 보도된 크리스천이나 다른 사람들을 옹호할까요?

서구에 대한 명백한 관찰은 매체를 통해 LGBTQ를 축하할 때 종종 크리스천/보수주의자가 동성애 혐오적이고 후진적이며 사랑이 없는 것으로 묘사된다는 점입니다. 우리는 두가지 잣대를 가질 수 없습니다.

우리 모두는 옳고 공정한 것을 지지해야 합니다. 우리는 상호 존중해야 하며 미디어는 특정 그룹의 정체성을 조롱하거나 창피하게 하는 데 참여해서는 안 됩니다.

모든 부정적인 묘사를 멈추지 않는 이유는 무엇인가요?

취소 문화는 대중/사회의 눈에 '기본적인 죄'를 지은 사람이나 어떤 사람을 불러내고 보이콧하려는 문화입니다. 그것은 '이상적인' 또는 '긍정적인' 환경을 만들기 위해 미디어 공간이나 사회에서 전체주의의 형태를 요구하면서 통제 불능 상태가 되기 쉽습니다. 그러나 이것은 건강에 좋지 않고 현실과 동떨어진 것입니다.

모든 부정적인 이미지를 제거하는 것은 미디어와 현실을 분리하는 것입니다. 모든 생생한 경험에는 긍정적인 측면과 부정적인 측면이 있습니다. 이것이 '의를 위해 일어서야' 할 때와 그렇지 않을 때를 고려할 때 맥락이 중요한 이유입니다.

인간의 경험은 풍부하고 어떤 것은 경이롭고 어떤 것은 끔찍합니다. 개인이나 사람들 사이의 삶의 경험을 정확하고 진실되게 묘사하고 싶다면 완벽한 사람은 없기 때문에 분명 부정적인 측면이 묘사될 것입니다!

우리가 동의하지 않는 것에 대해 항의하거나 불매 운동을 하기 전에, 우리는 제작 의도와 맥락을 고려해야 합니다. 복수심에 찬 침묵이 아니라 더 많은 대화가 필요합니다. 모두를 위한 보다 포용적이고 공정하며 정확한 미디어 공간을 만들기 위해서는 상호 존중과 이해가 필요합니다.

결론 도출

동성애자와 동성에게 끌리는 사람들은 확실히 우리 사회의 일부이지만, 동성애와 SSA를 축하할 일로 홍보하는 것은 동성에게 끌리는 삶의 현실에 대한 매우 좁은 관점을 제공하는 것입니다.

크리스천들은 동성애에 대해 큰 소란을 피우려고 하지 않습니다. 우리의 반응은 여러 면에서 LGBTQ 활동에 비례하는 것입니다.

소수의 사람들에게는 미디어와 사회의 다른 부문에서 동성애 행동과 활동을 정상화하거나 축하해야 한다는 엄청난 압박이 있습니다. 그 자체로 우리는 잠시 멈춰야 합니다.

세상에는 다른 많은 소규모 정체성 그룹이 있지만 왜 이 특정 정체성 그룹이 미디어에서 그렇게 강력한 영향력을 행사하고 있을까요? 게다가, 동성애가 (개인과 사회 전체에) 부정적인 것으로 합의/발견된다면, 미디어를 통해 해로운/부정적인 것을 좋은 것으로 홍보해서는 안 된다는 주장이 제기되어야 합니다. 보수주의자들의 반응은 사회에서 동성애를 정상화할 긍정적인 이유가 부족하기 때문입니다 (Q11 참조).

사역을 위한 조언:

- 대화하려는 사람의 의지를 항상 높이 평가합니다.
  ≫ 그 사람은 이미 자신의 감정을 당신과 공유하기 위해 한 걸음 더 나아가고 있습니다. 관계 구축 및 설명을 위한 특권이자 기회입니다.
  ≫ 응답하기 전에 경청하십시오. 당신의 견해에 동의하지 않는 다른 사람들을 성급하게 바로 잡지 말고 인내심을 가지고 그들의 말을 듣고 그들의 생각이 어디에서 기인했는지 이해하려고 노력하십시오.
  ≫ 그 사람이 즉시 설득되리라는 기대 없이 당신의 견해와 이유를 품위 있게 대답하십시오.

- 보이콧을 요구하거나 부정적인 묘사에 대해 불평하는 사람들은 해결되지 않은 불만이 있을 수 있습니다.
  ≫ 그들의 관점에 귀를 기울일 시간을 가지십시오.
  ≫ 명확한 질문을 하십시오: "무엇이 부정적이며 그 이유는 무엇입니까?", "긍정적인 묘사란 무엇을 의미합니까?", "보여지는 긍정적인 묘사가 정확한 묘사라고 생각하십니까?"

- 미디어 포화 시대에 대비하시오.
- AI –인공지능이 시대를 점령하고 있습니다..
  ≫ 모든 것을 검열하려고 시도하는 것은 비현실적입니다(진보적 보수적 스펙트럼에 관계없이).
  ≫ 미디어가 포화된 이 시대에 우리는 더 나은 미디어에 대한 지식이 필요합니다.

≫ 우리는 어린이들이 사고에 있어서 성숙해지고 미디어의 정보를 처리할 수 있으며 성경적 세계관을 고수하면서 이 세상을 바라볼 수 있도록 훈련해야 합니다.

≫ 부모는 자녀가 비판적이고 공정하게 생각할 수 있는 방식으로 자녀를 양육하기 위해 자녀의 보호자 및 안내자가 되어야 할 책임을 져야 합니다.

≫ 어려운 주제는 더 이상 피할 수 없습니다. 우리가 사랑하는 사람을 사랑한다면, 우리는 주제가 떠오를 때 참여할 수 있도록 필요한 조치를 취할 것입니다.

질문 32
기독교는 무엇을 제공해야 합니까?
SSA, 크리스천을 위한 대안은 무엇입니까?

신속한 답변:

"소망과 진정한 사랑" 기독교는 LGBTQ의 대안에 대한 다른 대안을 제공합니다. 기독교는 우리를 돌보시는 하나님과 함께 자기 발견의 기회를 제공합니다. SSA를 가진 크리스천을 위한 이 대안은 누구에게나 복음에서 제공되는 것과 동일한 대안입니다. 즉, 하나님과의 진정한 관계를 통한 온전함과 성취입니다. 그것은 성욕과 투쟁 그 이상입니다. 우리는 하나님의 크나큰 사랑을 받고 있으며 하나님과 인류를 온전하게 사랑할 수 있습니다.

인류의 의미와 가치

오늘날의 현대 사회에서 성은 인간의 기본 욕구로 이해되고 있습니다. 모든 인간이 권리를 가져야 하는 경험을 거부한다는 것은 인간 이하가 된다는 것을 의미하기 때문입니다. 따라서 세상의 제안은 두 가지입니다: 허가와 축하입니다. 다음과 같이 들릴 수 있습니다.

"섹스는 아름답고 당신을 만족시킵니다. 당신이 원하는 대로 섹스를 하세요. 섹스가 사적인 일이고 상호 동의가 중요한 경우 다른 사람을 막으려 하지 마십시오. 원치 않는 상황(예: 임신 및 질병)으로부터 자신을 보호하기 위해 필요한 예방 조치를 취하십시오."

열매로 나무를 판단하는 것이 지혜로운 일입니다. 성에 대한 그러한 견해를 받아들이는 것의 논리적 결과는 무엇입니까? 아담과 하와가 금단의 열매를 먹은 것과 같이 그것은 약속의 성취가 아니라 혼돈과 고통을 가져왔습니다. 하나님을 떠나 평화, 목적, 성취를 찾기 위해 스스로 우상을 세운다면 우리는 고통을 당할 운명에 처해 있습니다. 섹스 없이는 살 수 없다고 말할 때 섹스는 우상이 됩니다.

성경은 우리에게 훨씬 더 나은 희망, 현재 문화에서 인기 있는 것에 대한 대안을 제공합니다(Q1 참조). 인간의 가치는 하나님의 형상 안에서 만들어지는 우리에게 달려 있습니다.

우리의 업적, 축적된 자산, 높은 지적 능력, 유산, 성별이 우리의 가치와 정체성을 결정하지 않습니다. 그러므로 성적 경험은 인간에게 있어서 최고의 경험이 아니며, 꼭 필요한 것도 아닙니다. 인간성은 매우 소중하고 섹스는 아름답고 신성한 것이기 때문에 하나님은 우리가 더럽혀지는 것을 원하지 않으시며 섹스가 보편화되는 것도 원하지 않으십니다.

다시, 새로운 패러다임: 신성한 성

크리스천에게 섹스는 단순한 경험 이상이지만 꼭 필요한 것은 아닙니다. 섹스는 즐겁지만 그것이 섹스에 대한 최고의 부름은 아닙니다. 크리스천에게 성은 신성하며 새로운 삶을 창조할 수 있는 독특한 잠재력을 가지고 있습니다. 우리의 섹슈얼리티와 신체를 관리하는 것은 하나님과 우리 주변 사람들을 사랑한다는 의미의 일부입니다.

거룩함은 우리의 매력을 바꾸거나(우리가 통제할 수 없는) 모든 욕망을 끊는 것이 아니라, 그렇게 함으로써 우리에게도 참으로 유익이 된다는 확신을 가지고 하나님을 경외하는 마음으로 우리의 생각을 복종시키는 것입니다. 거룩하다는 것은 구별된다는 것, 즉 하나님께 속한다는 것입니다. 이것은 이성애자와 비이성애자 모두에게 동일하게 적용됩니다. 우리 삶에서 거룩함이 중요합니다.

독신생활의 순결, 결혼 생활의 충실

우리의 타락한 본성은 많은 것들과 씨름하며 성도 예외는 아닙니다. 성과 관련하여 거룩함의 길은 단 두 가지, 즉 독신 생활의 순결과 결혼 생활의 충실함으로 구성됩니다. 이것은 하나님을 알고 사랑하고자 하는 모든 사람, 즉 모든 크리스천을 위한 포괄적인 기준입니다.

독신과 순결 – 목적과 희망

독신/미혼인 사람은 순결의 길을 살도록 부름을 받았습니다(일시적이든 평생이든). 이 시간은 누군가에게는 더 짧을 수도 있고, 누군가에게는 더 긴 시간일 수도 있으며, 누군가에게는 평생 동안일 수도 있고, 또 다른 누군가에게는 다가올 시간이 될 수도 있습니다(예: 과부/홀아비). 기간과 관계없이 순결은 독신/미혼이 성적으로 순수해지는 유일한 길입니다.

예수님은 성적으로 순결하다는 기준에 대해 추측할 여지를 주지 않으셨습니다. 다른 사람을 음욕으로 바라보지 말아야 합니다. 그렇게 하면 이미 간음한 것입니다. 이것은 사람의 성적 매력과 상관없이 보편적인 기준입니다.

"요지는 무엇인가?" 일부는 물어볼 수 있습니다. 어떤 이들은 또한 미혼/미혼자가 결혼생활, 성생활, 부모생활과 같은 경험의 한계를 감안할 때 덜 충족되고, 하나님을 섬기거나 하나님을 위한 증거가 될 능력이 덜하다는 잘못된 생각을 가지고 있습니다. Dr. Chris Yuan의 책에서 더 보십시오: Holy Sexuality and the Gospel (2018)

성적 순결에 대한 이러한 관점에서 볼 때 기독교는 기쁨을 억제하고, 순결은 위로의 상품처럼 보이고, 섹스와 결혼이 없는 삶은 성취되지 않은 것처럼 보입니다. 그러나 이것들은 사실과 거리가 멉니다.

SSA를 가진 크리스천은 성적으로 순결한 삶을 선택함으로써 독신/미혼이 복음이 우리에게 선포한 것처럼 예수님만으로 충분하다는 것을 세상에 담대히 증거하는 것입니다. 구원과 궁극적인 성취는 인간관계나 성에서 찾을 수 없습니다. 대사명은 대계명을 지키는 모든 크리스천을 위한 부르심입니다.

인종, 나이, 성별, 성적 취향 및 우리가 식별하거나 함께 사는 다른 모든 것에 관계없이 누구나 실행할 수 있다는 점에서 놀라울 따름입니다. 우리는 세상과 우리 주변 사람들의 삶에서 그리스도를 나타냄으로써 하나님의 말씀을 실천하고 성령의 열매를 맺고 그것을 가장 잘 수행할 수 있습니다. 예수님도 독신이었습니다. 그는 순결을 유지했고 분명히 생물학적 자녀가 없었습니다. 그의 사역은 우리 모두를 하나님께로 인도하는 사역이었습니다.

기독교는 또한 개인적인 성취와 의미를 위해 물질과 관계에 대한 파괴적인 의존을 제쳐두도록 우리에게 요구합니다. 어떤 사람들은 성취감을 얻기 위해 성취, 직업, 부, 인기를 찾고, 다른 사람들은 섹스/섹슈얼리티 또는 결혼에 의지합니다. 그러나 이러한 것 중 어느 것도 우리에게 진정한 평화와 기쁨을 줄 수 없습니다.

제공되는 '평화 또는 성취'는 일시적이고 완전히 빼앗길 수 있는 것들에 의존하기 때문입니다. 따라서 기독교는 SSA를 경험하는 사람들뿐만 아니라 삶과 물질에 대한 관심과 추구로 지치고 무거운 짐을 지고 있는 모든 사람들에게 희망을 줍니다. 세상에서 보잘 것 없는 사람에서 하나님의 귀중함과 돌봄을 받는 사람으로 자신을 바라보는 관점이 바뀌면 모든 것이 바뀝니다.

따라서 독신/미혼인 사람은 누구와도 잘 어울립니다! 예수님은 당신이 독신일 때 받는 위로의 상이 아닙니다. 당신의 독신 생활은 예수님 그분이 하나님 나라를 위해 사신 삶에 참여하고 나눌 수 있는 기회입니다.

당신의 생활 방식, 당신의 선택, 순결을 유지하려는 당신의 확신은 하나님에 대한 강력한 간증이 됩니다. 그리고 당신의 성적 취향이나 투쟁에 관계없이 기독교는 당신의 삶의 상황과 무관한 영원한 평화와 기쁨을 제공하고 당신을 가장 사랑하는 분과의 영원한 교제를 제공합니다.

결혼 생활의 충실함 – 그리스도, 교회 그리고 인간의 번영

결혼은 인류의 번영을 위해 만들어진 제도이며 성경에 명확한 정의가 있습니다. 예수님은 처음부터 그러한 결합은 남성과 여성 사이에서만 이루어져야 한다고 단언하셨습니다(마태복음 19장). 따라서 동성 결혼의 가능성은 배제됩니다(Q17 및 Q23 참조).

배제되는 이유를 이해하지 못한 채 우리가 갈망하는 것을 거부당하는 것은 고통스러울 수 있습니다.

결혼을 원하는 우리 자신의 동기를 검토해 보는 것도 도움이 될 수 있습니다. 아마도 결혼에 대한 오해가 있을 수 있습니다. 누군가가 결혼하면 인생의 다음 단계로 '이동'했다는 것은 일반적인 말입니다. 그러나 그러한 오해는 우리로 하여금 '결혼'이 없으면 덜 완성된 것처럼 쉽게 '결혼'을 받침대에 올려놓게 만듭니다.

실제로는 독신 생활이 고유한 것처럼 결혼도 고유한 일련의 축복과 도전이 수반되는 완전히 다른 길입니다. 독신의 길과 결혼의 길은 모두 아름답고 우리와 예수님의 관계를 세상에 증거합니다. 독신 생활은 문화의 물결의 순응적이지 않지만 순결하신 예수님의 충분하심을 증거하고, 결혼은 우리 모두 그리스도이시며 교회의 머리이신 예수님의 신부라는 위치로써 하나님의 헌신과 신실하심을 증거합니다.

둘 다 본질적으로 다른 것보다 낫지 않고 각각 다른 물리적 목적을 수행하지만 둘 다 하나님에 대해 증거하는 데 가치가 있습니다.

또 다른 오해는 결혼이 성적인 유혹을 극복하는 데 도움이 된다는 것입니다. 이것은 사실과 거리가 멉니다. 결혼은 성적 유혹을 물리치는 특별한 체계가 아닙니다. 부부 사이의 성적 표현의 통로이자 유혹에 저항하는 강력한 동기가 될 수도 있지만, 유혹과 공격을 막을 수 있는 능력은 없습니다.

결혼한 사람은 육체적, 정신적, 정서적으로 배우자를 속이려는 모든 유혹에 저항하기 위해 열심히 노력해야 합니다.

우리가 결혼에 대해 너무 장밋빛 상상을 하고 있기 때문일 수도 있습니다. 배우자와의 삶은 장미 화단이 아닙니다. 좋든 나쁘든 다짐하는 것은 하나님을 경외하는 마음으로 내려야 할 중요한 결정입니다. 하나님에 대한 강한 헌신, 결혼에 대한 현실적인 관점, 결혼에 대한 헌신은 부부가 힘든 상황에 처했을 때 서로에게 헌신하는 데 도움이 됩니다(Q10 및 Q17 참조). 두 사람이 결혼을 즐기는 '좋은 것'만을 위해 결혼한다면, 그들은 불일치와 고난이 찾아오는 정말 힘든 시기를 겪게 될 것이고, 그렇게 될 것입니다.

마지막으로 결혼 제도의 핵심은 인간의 번영을 위한 하나님의 의도를 다시 한 번 증거하는 것입니다. 결혼은 인간을 보호하고 성행위가 일어나는 안전한 환경을 제공하며 자녀 양육의 견고한 기반이 됩니다. 하나님은 제도보다 사람을 더 중요하게 생각하십니다.

제도로서의 결혼은 생명을 보호하고 인간의 번영을 허용하기 때문에 결혼에 대한 명확한 지침이 하나님의 말씀에 주어져 있습니다.

결혼은 완전한 사람이 되기 위해서는 반드시 달성해야 하는 삶의 단계가 아닙니다(즉, 둘 다 본질적으로 다른 것보다 나은 것은 아니며, 각각 다른 물리적 목적을 위해 봉사하지만, 둘 다 하나님에 대해 증언하는 데 가치가 있습니다. 자아 실현에 대해!).

결혼은 결혼한 커플들이 독신과는 다른 방식으로 하나님을 알 수 있게 해주지만, 그것은 여전히 필수는 아닙니다.

기독교는 미혼이든 기혼이든 개인에게 실존적 지루함을 극복할 수 있는 기회와 그리스도 안에서 그리스도와 함께 자아 실현의 길을 제공합니다.

독신이든 결혼을 하든, 하나님과의 깊은 관계는 위대한 목적을 가지고 우리의 삶을 인도합니다. SSA를 가진 크리스천/사람에게는 큰 희망이 있습니다. 하나님과 함께 영원을 엿볼 수 있고(천국에는 더 이상 결혼/결혼 관계가 없음) 축복받고 충만한 삶을 살 수 있기 때문입니다.

가족 – 그리스도의 몸

때때로 결혼하지 않음으로써 개인들은 특히 결혼한 사람들이 교회에서 많은 지원을 받고 가족의 유대와 시간을 함께 즐기는 것을 볼 때 외로움이나 FOMO(놓치는 것에 대한 두려움)에 대한 생각으로 어려움을 겪습니다.

대중적인 믿음과는 달리 기혼자들도 때때로 외로움과 싸우고 자유로워 보이는 독신자들을 존경할 수 있습니다. 결혼은 외로움의 치료제가 아니며 항상 남의

떡이 커보이는 법입니다. 현실은 이것입니다: 풀은 당신이 물을 주는 쪽이 더 푸릅니다. 공동체로서의 교회는 나아가 모든 사람에게 하나님의 백성의 보편적인 가족이 되어야 합니다.

크리스천은 완전하지 않으며, 오늘날의 교회도 완전하지 않으며, 지상의 어떤 가족도 완전하지 않습니다. 그러나 교회는 예수님에 대한 헌신이 있으며 우리는 더 나아지기 위해 계속 노력할 것입니다.

우리는 사람들에게 완벽한 집을 제공하겠다고 약속할 수는 없지만 그들에게 집, 가족을 제공해야 합니다. 미혼이건 기혼이건 교회는 그리스도 안에서 형제자매로서 서로 돌보고 뜨겁게 사랑하는 공동체, 가정으로 존재합니다. 교회가 완벽한 가족을 제공할 수는 없지만, 우리는 지속적으로 발전하기 위해 노력하는 가족을 제공합니다.

급진적인 개종

변화가 항상 나쁜 것은 아닙니다. '사람이 변하기를 기대하는 것은 잘못이다'라고 주장하는 것은 다음 두 가지를 의미합니다.

- 그 사람은 이미 완벽하다. 모든 변화는 그 완벽함에 미치지 못하는 것.
- 변화를 통해 사람이 개선되고 더 나아지는 것을 원하지 않는 것: 그 사람을 전혀 사랑하지 않는 것.

기독교가 사람들의 성 정체성을 바꾸는 데 관심이 있다고 말하는 것은 복음을 크게 오해하는 것입니다. 기독교는 사람들의 성적 매력이나 성향을 바꾸려 하지 않고, 인간 중심의 삶의 방식을 하나님 중심의 삶으로 바꾸려고 합니다.

복음에는 사람의 내재적 가치, 구원자의 필요성, 그리스도 예수를 통한 구원을 알려주는 세 가지 주요 필수 주제가 있습니다. 우리는 모두 하나님의 형상으로 만들어졌지만 인류의 타락의 결과를 안고 있기 때문에 구원자가 필요합니다.

우리의 마음과 정신은 어두워졌습니다. 우리는 우리가 지향하는 공동체 생활과 양립할 수 없는 자기 중심적인 삶의 방식에 맞춰져 있습니다. 우리는 다른 사람을 희생시키면서, 때로는 우리 자신의 전반적인 행복을 희생하면서까지 우리의 욕구를 충족시키려 합니다.

복음은 예수님 안에서 우리의 잘못에 대한 용서를 찾을 수 있고, 자기 중심적이고 지혜롭지 못한 성향을 극복하는 데 필요한 피난처와 위로와 힘을 찾을 수 있기 때문에 좋은 소식입니다. 그리스도 안에서 우리는 우리가 넘어질 때 다시 일으켜 세우실 하나님의 은혜와 자비를 가지고 있습니다.

우리는 회개하고 예수님만으로 충분함을 발견할 수 있습니다. 이것은 완전히 편안하고 만족스럽습니다. 기독교 메시지는 자신의 성 정체성을 바꾸라고 요구하는 것이 아니라 실제로 모든 것을 아시고 우리에게 가장 좋은 것이 무엇인지 아시는 분에게 그들의 의지를 굴복시키라는 요구입니다. 크리스천은 역설적이게도 목숨을 바칠 때 진정한 삶을 발견합니다.

사역을 위한 조언:

- 예수님과 복음이 모든 사람에게 가져다주는 소망에 초점을 맞춥니다.

  ≫ 모든 사람에게 예수님이 필요합니다. 그분만이 우리의 지독한 외로움과 의미, 목적, 성취를 향한 노력에 대한 답이십니다.

- 독신이나 결혼 중 어느 하나를 더 대단하게 여기지 마세요 둘 다 우리를 만족시키고 우리를 위한 계획을 아는 하나님께 똑같이 가치가 있습니다

부록
교회는 성전환자의 성별 호칭과
과거 이름 문제에 대하여 어떻게 접근해야 합니까?

– 맥락: 트랜스젠더 문제에 대한 교육부 논쟁–

2021년 1월 중순, 익명의 학생이 교육부와 학교 경영진이 호르몬 대체 요법 (HRT)에 개입했다고 비난한 후 트랜스젠더 문제가 헤드라인을 장식했습니다 [1,2] [3]. 교육부는 주장을 부인하기 위해 Facebook을 이용했습니다[4]. 그들은 "우리는 학생이 학교에 와서 학교가 그의 학업을 더 잘 지원할 수 있는 방법을 명확히 하고 논의하도록 초대합니다."라고 말했습니다.

그 학생을 남자라고 언급하는 것은 온라인에서 엄청난 반발을 불러일으켰고, 천 개가 넘는 댓글이 "오성화"를 비판했습니다. (PDF는 아래에서 볼 수 있습니다) 교육부의 입장을 지지하는 소수의 사람들은 "혐오"와 "트랜스혐오"라고 불렸고, 한 사람은 더 이상의 언급을 금지하기도 했습니다[5]. CNA와 The Straits Times와 같은 주류 매체가 학생을 소녀로 언급한 것도 의미심장합니다. 교육부와 Institute of Mental Health는 호르몬 요법에 대한 결정은 궁극적으로 학생과 학부모에게 달려 있다는 공동 성명을 발표했습니다. 미성년자, 즉 21세 미만의 경우 부모의 동의가 필요합니다.

다음은 이 문제에 대한 짧은 일련의 FAQ입니다.

1. 성별 대명사 문제가 교회에 영향을 미치나요?

이 문제는 당국과 학생 사이에 있습니다. 그러나 교회는 그러한 발전을 주시하고 필요할 때 그것에 대해 말해야 합니다. 종교적 소속이 있는 학교에 영향을 미칠 트랜스젠더 문제에 대한 교육 정책 – 여기에는 기독교 선교 학교가 포함됩니다.

더 큰 규모에서 이것은 일상적인 대화에서 성별 대명사 사용, 단일 성별 그룹의 접근성, 화장실 사용, 아동 및 청소년을 위한 HRT, 부모의 권리 등. 싱가포르에는 수십 개의 활동가 단체가 서명한 MOE 사가에 대한 응답으로 작성된 서한과 함께 이미 싱가포르에는 그러한 활동이 있습니다[6].

소셜 미디어에서 많은 팔로어가 있는 지역 웹사이트도 이러한 문제를 추진

하고 있습니다[A].

이들은 문화에 영향을 미치고 있으며 결국에는 교회도 포함될 것입니다. 이것은 다른 나라의 종교 단체와 사회 사이의 긴장이 고조되는 것을 보면 분명합니다. 미국에서는 카톨릭 학교가 성 전환에 대해 성경적인 입장을 취한다는 이유로 비난을 받는 경우가 있습니다 [7].

공립학교의 종교 교사들도 트랜스젠더 학생들에게 성별 대명사 사용을 거부한 후 해고되었습니다[8]. 영국에서는 종교 단체들이 작년에 시작된 개편된 성교육 커리큘럼에 항의 했습니다 [9] [10].

같은 크리스천들을 인도할 책임이 있는 목사와 교회 지도자로서 우리는 이 문제에 대해 성경이 말하는 것과 씨름해야 합니다.

1. 선호하는 성별 대명사는 무엇인가요?

대명사는 사람을 가리키는 말입니다. 그들은 역사적으로 그 또는 그녀와 같은 사람들의 생물학적 성별과 연결되어 있습니다. 우리는 매일 그러한 대명사를 사용합니다.

"젠더 대명사"라는 용어는 지난 몇 년 동안 트랜스젠더 행동주의의 부상과 함께 인기를 얻었습니다. 지지자들은 개인이 식별한 성별과 일치하지 않는 대명사를 사용하는 것은 무례하고 해를 끼친다고 주장합니다[11, 12]. 성별이 남성이나 여성에만 국한되지 않고 "ze/hir/ hirs"와 같은 성 중립 대명사의 사용을 요청할 수 있다고 말하는 사람들도 있습니다[13].

트랜스젠더의 식별된 성별을 일치시키기 위해 사용되는 대명사(예: 대명사로 여성으로 식별되는 생물학적 남성 언급)로 시작된 것은 이제 사람들이 소셜 미디어, 학교 및 직장에서 선호하는 대명사를 언급하는 운동으로 성장했습니다.[14, 15] [비].

현재 지지자들은 이것을 일반적인 관행으로 만들기 위해 노력하고 있습니다. 선호하는 성별 대명사를 사용하고 성전환자의 과거 이름을 피하는 형태로 발언을 규제하려는 시도는 이미 일어나고 있습니다[16].

그럼에도 불구하고 이 관행은 고도로 분열되고 정치화됩니다[17]. 많은 사람들이 언론과 종교의 자유에 대한 그들의 권리를 언급하면서 움직임에 동의하지 않습니다[18, 19, 20]. 일부 LGBTQ 지지자들은 자신의 정체성에 대해 확신이 없는 사람들에게 불편함을 준다고 비판했습니다[21, 22, 23]. 한 트랜스젠더 연예인 한 명이 그러한 견해로 행사를 취소하는 등 반발이 있었습니다[24].

1. 교회는 선호하는 성별 대명사를 사용해야 하는가?

문제를 살펴보기 전에 더 넓은 맥락을 기억하는 것이 중요합니다. 성별 대명사의 사용은 교회가 하나님의 말씀과 상충되는 변화하는 사회적 규범에 직면하는 많은 문제 중 하나일 뿐입니다. 이 모든 문제에서, 사랑에서 진실을 말하는 일반적인 지침이 있는데, 이것은 때때로 사람들이 듣기 싫어하는 말을 하는 것을 포함합니다.

교회는 하나님께서 남자와 여자를 창조하셨다는 인간 본성에 대한 증거에 따라 생물학적 성과 일치하는 대명사를 사용해야 합니다 (창세기 1:27, 5:2; 마태복음 19:4; 마가복음 10:6). 강단에서나 공식적인 커뮤니케이션에서 교회는 이러한 성경적 기초를 지지해야 합니다. 반대로 교회에서 선호하는 대명사를 사용하는 경우 이는 성별이 변경될 수 있다는 믿음을 조장하고 사람들이 자신의 정체성에 대해 계속 혼란을 겪게 합니다. 교회는 여기에 연루되어서는 안 됩니다.

어떤 크리스천들은 사람이 선호하는 대명사를 사용하는 것이 호의적이며 그렇게 하는 것을 거부하면 교회가 복음을 전하는 데 피해를 볼 수 있다고 주장했습니다[25].

그러나 우리는 사랑이 진리와 함께 기뻐하고(고전 13:6) 우리의 메시지가 그것을 타협해서는 안 된다고 믿습니다. 예의 바르고 정중하며 양심을 깨끗하게 유지하는 방식으로 우리의 믿음을 전달하는 한(베드로전서 3:15-16) 나머지는 하나님께 맡길 수 있습니다.

그러나 개인을 대할 때 목회적 수준에서는 상황이 바뀔 수 있습니다. 성별 위화감을 느끼는 사람이 있다면 교회는 다른 접근 방식을 원할 수 있습니다. 대명사는 피하고 사람의 이름이나 성을 사용하는 것이 좋습니다. 교회는 또한 '성도'와 같은 성 중립적인 용어를 사용할 수 있습니다.

성전환자의 과거 이름, 즉 성별을 바꾸기 이전의 이름을 사용하는 것과 관련된 문제에 대해 교회는 이를 한 번만 기준점으로 사용하고 이후에는 새 이름을 사용할 수 있습니다. 이것은 사람들이 자신의 이름을 선택하는 데 있어 자유 의지를 가지고 있음을 존중하기 위한 것입니다(이는 사람의 생물학적 성별과 직접적인 관련이 없지만 문화적 기대와 더 관련이 있음).

2. 교회는 성차별 의혹에 어떻게 대응해야 하는가?

첫째, 그러한 비난은 일반적입니다. 그들은 연막의 효과를 가지고 있는데, 온라인의 대중은 문제의 본질, 즉 어린이와 청소년이 불가역적인 치료에 동의할 수 있는지 또는 가능한 부정적 결과가 환자와 가족에게 충분히 전달되었는지 여부를 다루지 않고 "트랜스젠더포비아", "배태", "혐오", "왕따"에 대한 비난을 쏟아냅니다,

궁극적으로 교회는 반대 의견을 극복해야 할 것입니다. 본질적으로 젠더가 생물학적 성과 다르고 사람들이 자신에 대해 믿는 바에 근거한다는 이러한 비난의 전제에 동의하지 않습니다. 하지만 교회는 성별이란 생물학적 성별에 근거하며 마음대로 바꿀 수 없다고 믿습니다.

3. 교회는 과학을 무시하는가?

트랜스젠더 활동가들은 트랜스젠더리즘이 과학에 기반을 두고 있다고 주장하지만 이것이 해결된 것은 아닙니다. 한 기사는 성별이 스펙트럼[26] 임을 증명하기 위해 "과학"을 사용하지만[27] 분리되었습니다. 트랜스젠더 주장에 대한 명확한 과학적 근거가 없기 때문에 다른 사람들은 자신의 권리가 과학에 의존해서는 안 된다고 주장했습니다[28, 29]. 비평가들은 또한 이데올로기가 그 영역에 들어와 신뢰도에 영향을 미친다고 말합니다[30, 31, 32].

사실, 교회의 입장은 틀림없이 과학적입니다. 두 생물학자[33]에 따르면 경험적 현실인 생물학적 성별에 기초한 차이를 인식하기 때문입니다. 또한 트랜스젠더 치료와 관련된 유해한 위험을 보여주는 연구도 있다는 사실을 인식하고[34], 일부는 이것을 오늘날 가장 큰 실험적 치료법이라고 부르기도 합니다[35].

교회는 하나님의 계획과 진리에 대한 사랑스럽고 신실한 증인이 되도록 부름을 받았기 때문에 성별위화감으로 고생하는 사람들을 섬기고 바라보면서 진실하고 긍휼한 마음으로 접근해야 합니다. 그 사람을 사랑하고, 그 사람의 여정과 투쟁에 귀를 기울이고, 복음의 신실한 증인이 되는 동안 모든 어려움을 통해 그들과 함께하기 위해 최선을 다하십시오. 오직 복음만이 우리 모두가 직면하는 다양한 투쟁에서 우리를 일으켜 줄 수 있습니다.

참조 문서:

-https://www.firstthings.com/web-exclusives/2015/10/how-should-christians-respond-to-the-transgenderphenomenon

-https://erlc.com/resource-library/articles/he-she-ze-zir-navigating-pronouns-while-loving-yourtransgender-neighbor

[A] Local websites pushing for transgender issues:
- https://transgendersg.com/hrt
- https://www.ricemedia.co/current-affairs-features-singapore-trans-discrimination

- https://heckinunicorn.com/blogs/heckin-unicorn-blog/understanding-pronoun-meaning
-https://www.reddit.com/r/singapore/comments/8dvcaa/need_help_with_transgender_hormone_medication

[B] Examples of companies in Singapore that use preferred pronouns:
- Xero (https://www.xero.com/sg/about/social-and-environmental-impact/diversity-and-inclusion)
- Goldman Sachs (https://www.todayonline.com/world/goldman-sachs-unveils-internal-campaign-usegender-identity-pronouns)
- Dentons (https://www.dentons.com/en/whats-different-about-dentons/as-diverse-as-you-are/genderpronouns)
- Lush (https://sg.lush.com/article/lets-talk-about-gender)

참조 ::

[1] MOE denies blocking transgender student from receiving hormone therapy, 2021
https://www.straitstimes.com/singapore/moe-denies-blocking-transgender-student-from-receivinghormone-therapy

[2] MOE says 'not true' that it interfered with transgender student's hormone therapy, 2021https://www.channelnewsasia.com/news/singapore/transgender-student-hormone-therapy-moe-educationministry-13974584

[3] Hormone Replacement Therapyhttps://transgendersg.com/hrt, accessed 22 Jan 2021

[4] MOE's Response On Facebook, 2021https://www.facebook.com/moesingapore/posts/10160435896227004

[5] User who was blocked temporarily due to mass reports, 2021https://www.facebook.com/story.php?story_fbid=10159440592039073&id=553099072,
accessed 22 Jan 2021

[6] Statement of Solidarity with Transgender Students in Singapore, 2021
https://www.theonlinecitizen.com/2021/01/19/statement-of-solidarity-with-transgender-students-insingapore,accessed 22 Jan 2021

[7] Policy may bar transgender students from Catholic schools in central and southern Indiana, 2020 https://www.indystar.com/story/news/education/2020/06/24/indianapolis-archdiocese-new-policy-may-bartransgender-students-attending-catholic-schools/3252282001, accessed 22 Jan 2021

[8] 'This Isn't Just About a Pronoun.' Teachers and Trans Students Are Clashing Over Whose Rights Come First, 2019 https://time.com/5721482/transgender-students-pronouns-teacher-lawsuits, accessed 22 Jan 2021

[9] Compulsory sex and LGBT+ education sparks religious backlash in UK, 2019
https://www.reuters.com/article/britain-lgbt-education/update-1-compulsory-sex-and-lgbt-educationsparks-religious-backlash-in-uk-idUSL1N20K184, accessed 22 Jan 2021

[10] Plan your relationships, sex and health curriculum, 2020 https://www.gov.uk/guidance/

plan-your-relationships-sex-and-health-curriculum, accessed 22 Jan 2021

[11] What are Gender Pronouns? Why Do They Matter?, 2020 https://www.edi.nih.gov/blog/communities/what-are-gender-pronouns-why-do-theymatter#:~:text=Why%20does%20using%20appropriate%20pronouns,%2C%20angering%2C%20and%20even%20distracting, accessed 22 Jan 2021

[12]Pronouns.https://www.colorado.edu/cisc/resources/trans-queer/pronouns#:~:text=When%20someone%20asks%20you%20to,to%20dysphoria%2C%20exclusion%20and%20alienation, accessed 22 Jan 2021

[13] Everything You Ever Wanted to Know About Gender-Neutral Pronouns, 2016 https://time.com/4327915/gender-neutral-pronouns, accessed 22 Jan 2021

[14] Inclusive Pedagogy https://teaching.yale-nus.edu.sg/faculty-resources/inclusive-pedagogy, accessed 22 Jan 2021

[15] Beyond 'he' and 'she': The rise of non-binary pronouns, 2015 https://www.bbc.com/news/magazine-34901704, accessed 22 Jan 2021

[16] Activists question tendency to give politicians more credit than due, urge PAP MP Baey Yam Keng to pushfor LGBT-friendly policies, 2020 https://www.theonlinecitizen.com/2020/09/29/activists-question-tendency-to-give-politicians-more-creditthan-due-urge-pap-mp-baey-yam-keng-to-push-for-lgbt-friendly-policies, accessed 22 Jan 2021

[17] Views of transgender issues divide along religious lines, 2017 https://www.pewresearch.org/fact-tank/2017/11/27/views-of-transgender-issues-divide-along-religious-lines,accessed 22 Jan 2021

[18] Toronto professor Jordan Peterson takes on gender-neutral pronouns, 2016 https://www.bbc.com/news/world-us-canada-37875695, accessed 22 Jan 2021

[19] He Opposed Using Transgender Clients' Pronouns. It Became a Legal Battle, 2019 https://www.nytimes.com/2019/10/03/world/europe/christian-transgender-uk.html, accessed 22 Jan 2021

[20] Pronouns Spur Fight Over Transgender, Religious Work Rights (1), 2020 https://news.bloomberglaw.com/daily-labor-report/pronouns-prompt-fight-over-transgender-religious-rightsat-work, accessed 22 Jan 2021

[21] The Problem With Pronouns, 2018 https://www.insidehighered.com/views/2018/09/19/why-asking-students-their-preferred-pronoun-not-goodidea-opinion, accessed 22 Jan

[22] No, You Can't Have My Pronouns!, 2019https://emjaymurphee.medium.com/no-you-cannot-have-my-gender-pronouns-5b2f6b7e418a,accessed 22 Jan 2021

[23] The Case Against Mandatory Preferred Gender Pronouns, 2020https://www.thecrimson.com/article/2020/10/16/xiao-against-mandatory-preferred-gender-pronouns, accessed 22 Jan 2021

[24] He, she, they ··· should we now clarify our preferred pronouns when we say hello?, 2019https://www.theguardian.com/lifeandstyle/2019/sep/13/pronouns-gender-he-she-they-natalie-wynncontrapoints,accessed 22 Jan 2021

[25] Speaking Truth in Love: Should Christians Use Gender-Neutral Pronouns?, 2017 https://ca.thegospelcoalition.org/article/speaking-truth-love-christians-use-gender-neutral-pronouns

[26] Sex redefined, 2015https://www.nature.com/news/sex-redefined-1.16943#/spectrum, accessed 22 Jan 2021

[27] TwitterThread(TriciaFrasman)https://twitter.com/TriciaFrasman/status/1006161802823159809, accessed 22 Jan 2021

[28] Science Won't Settle Trans Rights. http://bostonreview.net/science-nature-gender-sexuality/anne-fausto-sterling-science-wont-settle-transrights,accessed 22 Jan 2021

[29] Biology is not a destiny, 2018. https://www.washingtonpost.com/news/posteverything/wp/2018/06/27/feature/seeking-a-scientificexplanation-for-trans-identity-could-do-more-harm-than-good, accessed 22

[30] "Evil Womxn": The Silencing Of Biological Reality And The Technology Of Obfuscation, https://www.forbes.com/sites/julianvigo/2018/10/26/evil-womxn-the-silencing-of-biological-reality-and-thetechnology-of-obfuscation/?sh=449ab6e518fd, accessed 22 Jan

[31] Is Ideology Ruining Sex Science?, 2019 https://www.realclearscience.com/blog/2019/07/27/is_ideology_ruining_sex_science_.html,accessed 22 Jan 2021

[32] Transgender Ideology Is Riddled With Contradictions. Here Are the Big Ones, 2018 https://www.heritage.org/gender/commentary/transgender-ideology-riddled-contradictions-here-are-thebig-ones, accessed 22 Jan 2021

[33] The Dangerous Denial of Sex, 2020 https://www.wsj.com/articles/the-dangerous-denial-of-sex-11581638089, accessed 22 Jan 2021

[34] Summary of Studies Regarding Risks Associated With Transgender Medical Interventions http://www.transgendermandate.org/research, accessed 22 Jan 2021

[35] Puberty blockers and consent to treatment: an analysis of the High Court's ruling, 2020 https://www.communitycare.co.uk/2020/12/11/puberty-blockers-consent-treatment-analysis-high-courtsruling,accessed 22 Jan 2021

갈보리채플 권장도서

오늘의 지혜말씀 (Wisdom For Today)
척 스미스 지음

창세기부터 요한계시록까지 365일 말씀 묵상집

강해설교의 명문 갈보리 채플의 창시자 척 스미스 목사의 1년 365일 말씀 묵상집으로 하루의 삶을 성경의 지혜의 말씀으로 시작하도록 계획 되었다. 지혜의 말씀을 통해 하나님을 찾도록 마음을 움직여 그분의 명철을 얻게 된다.

성경적 상담 매뉴얼(Biblical Counseling)
척 스미스 지음

1970년대 사탄 문화권에서 방황하는 젊은이들에게 오직 성경 전체를 강해설교로 가르쳐 미국 전역에 나가 1200여 교회를 개척하고 미국 최대교회 25개 중 13개를 석권하여 예수혁명을 일으킨 척 스미스 목사님의 주제별 성경적 상담 매뉴얼

영적전쟁의 실체
브라이언 브로더슨 지음

본서는 사탄 문화권의 젊은이들을 복음의 승리로 이끌어낸 갈보리채플 척 스미스 목사의 후계자 브라이언 목사가 제언하는 영적전쟁의 승리의 비결이다.

동성애 치유 상담 시리즈 (전 3권)
이요나 목사 지음 〔판매처- 갓피플몰〕
동성애에 대한 성경적 이해와 탈동성애의 복음적 해법
동성애 문제와 탈동성애자들의 증언과 상담사례
* 거기 누구 없소 나 아픈데 - 동성애 상담사례/ 간증
* 리애마마 동성애 탈출 - 이요나 목사 간증집
* 커밍 아웃 어게인 - 동성애 성경적 해법